1 HEURE 1 OBJET

Dépôt légal : octobre 2017
ISBN : 9782-84230-584-0
Numéro d'édition : 320171-0

Responsable éditoriale : Audrey Demarre
Assistante d'édition : Juliette Sahut
Corrections : Irène Colas
Chef de fabrication : Jean-Marc Pias
Attachée de presse : Emmanuelle Scordel

Photogravure : Les Caméléons

Imprimé en Lettonie

Pierre Lota

1 HEURE 1 OBJET

hoëbeke

Même si la tendance de la déco faite maison bat son plein, beaucoup pensent encore que créer des choses de leurs mains n'est pas à leur portée... Pas l'outillage nécessaire, pas l'espace adapté, pas le temps, pas l'inspiration, les raisons de ne pas faire sont multiples. Ce livre est la preuve qu'il est possible de concevoir des objets élégants, pratiques et intemporels en un minimum de temps et avec seulement trois outils (perceuse-visseuse, scie sauteuse, petite visseuse).
Mon parcours m'a appris différentes techniques grâce auxquelles j'ai réalisé des pièces sophistiquées. Aujourd'hui mes créations se veulent simples (mais rien n'est plus difficile à atteindre que la simplicité), pratiques, épurées afin de revenir à l'essentiel. Je souhaite que le design devienne accessible à tous, sans perdre de sa qualité. Avec ce livre, vous serez à l'initiative de nouvelles lampes, tables ou patères en utilisant des matériaux standard ou en recyclant des cintres, des palettes en bois ou même des magazines ! En détournant des matériaux familiers et grâce à des fournitures sommaires, vous composerez des pièces originales et surprenantes pour votre mobilier. Je vous apprends à aborder le design autrement grâce à des tutoriels qui recensent chaque étape de la fabrication en une double page maximum
pour tout comprendre en un coup d'œil.
Une heure pour un objet ; une heure donc pour se créer un intérieur ludique et singulier.

Pierre Lota

BÉTON

Niveau
Moyen

Outils
- perceuse
- 2 serre-joints
- scie cloche (diamètre 29 mm)
- tournevis d'électricien
- feuille abrasive
- gants et lunettes de protection

LAMPE

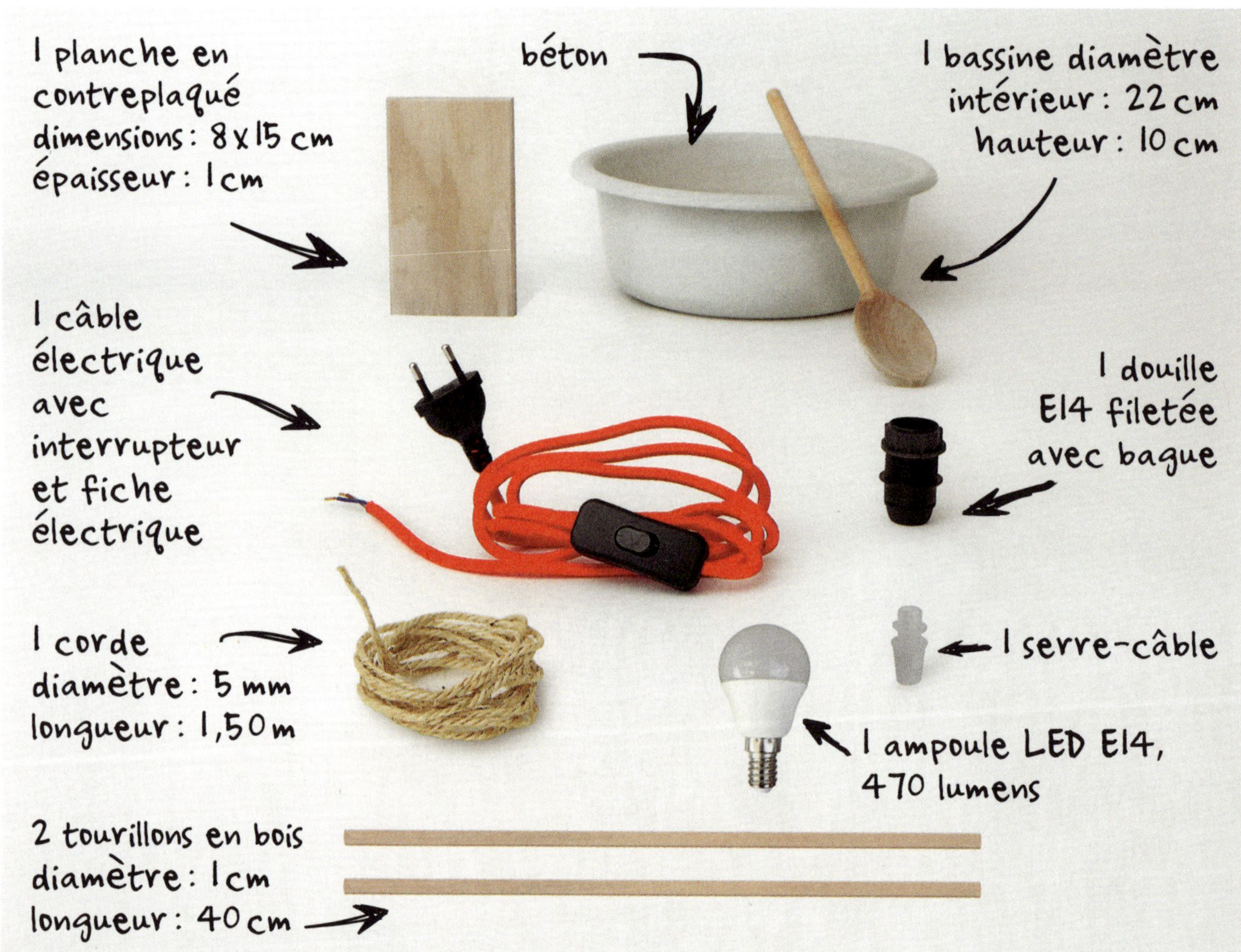

Il est possible de teinter le béton pour obtenir un résultat différent.

Vous pouvez récupérer deux baguettes de cintres en bois pour remplacer les tourillons.

Attendez au moins 48 heures que le béton sèche.

Avant de réaliser un montage électrique (câble, douille, fiche et interrupteur), vérifiez que votre installation est hors tension.

Niveau
Facile

Outils
- cutter
- ciseaux
- gants et lunettes de protection

VASE

Si vous n'avez pas de feuille en carton vous pouvez recycler une pochette à rabats.

Attendez au moins 48 heures que le béton sèche.

Niveau
Moyen

Outils
- perceuse-visseuse
- foret à béton (diamètre 10 mm)
- colle multi-matériaux
- feuille abrasive
- gants et lunettes de protection

MIROIR

Attendez au moins 48 heures que le béton sèche.

Le miroir en béton peut se mettre dans deux positions différentes

Niveau
Facile

Outils
- cutter
- pistolet à colle filaire
- feuille abrasive
- gants et lunettes de protection

PHOTOPHORE

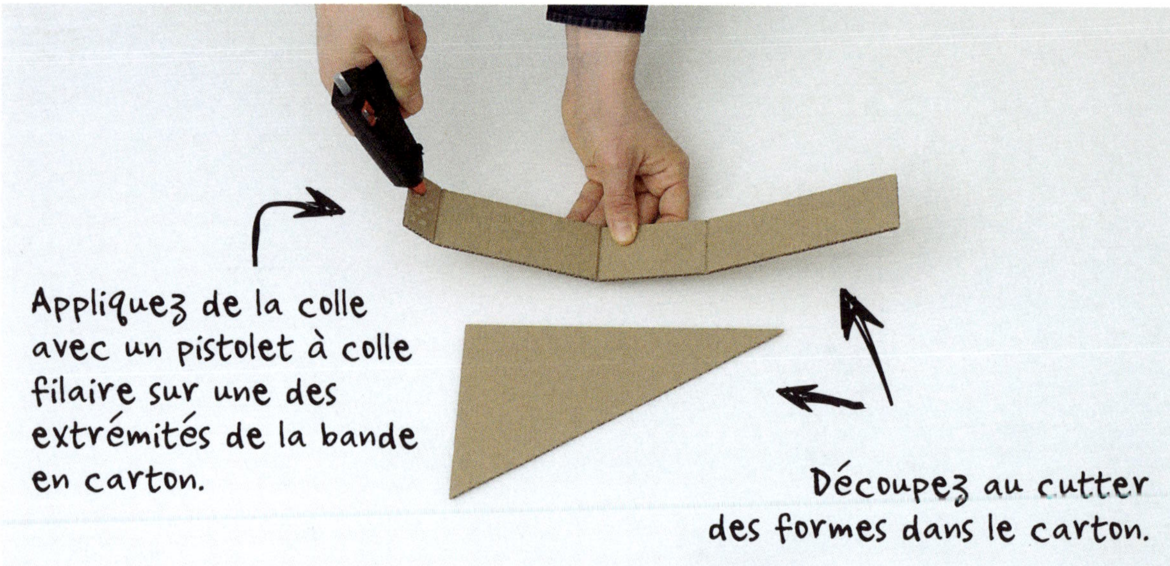

Vous pouvez modifier la hauteur du photophore pour créer des compositions.

Attendez au moins 48 heures que le béton sèche.

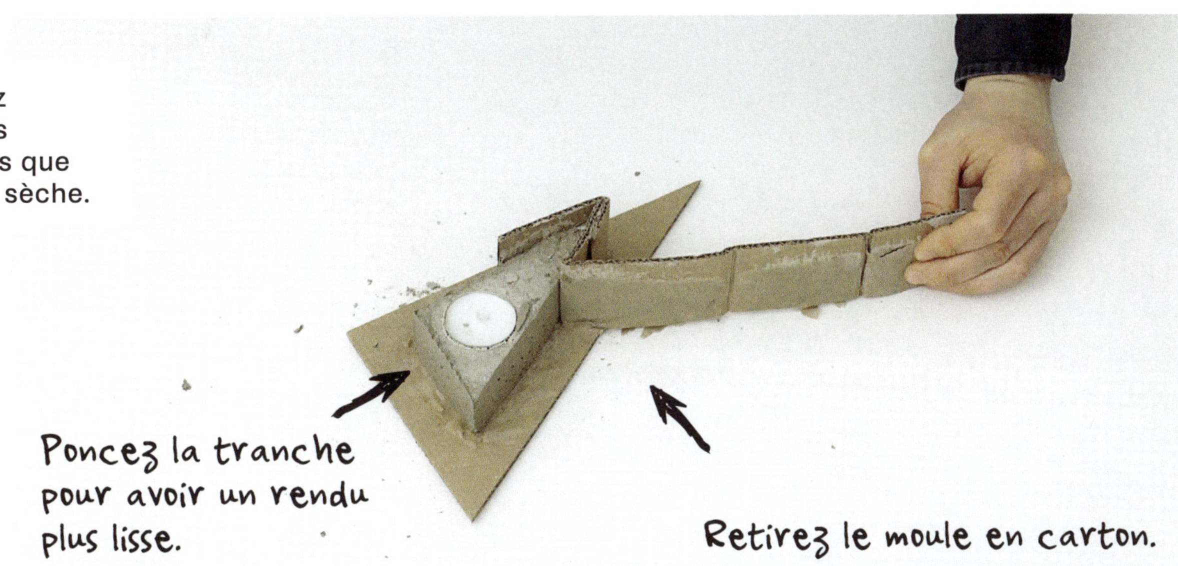

Niveau
Facile

Outils
- perceuse-visseuse
- scie sauteuse
- 2 serre-joints
- foret à bois (diamètre 3 mm)
- feuille abrasive
- pinceau avec un manche en plastique
- gants et lunettes de protection

VIDE-POCHES

Les planches sont toutes en pin d'épaisseur 18 mm.

1 plaque en carton simple cannelure

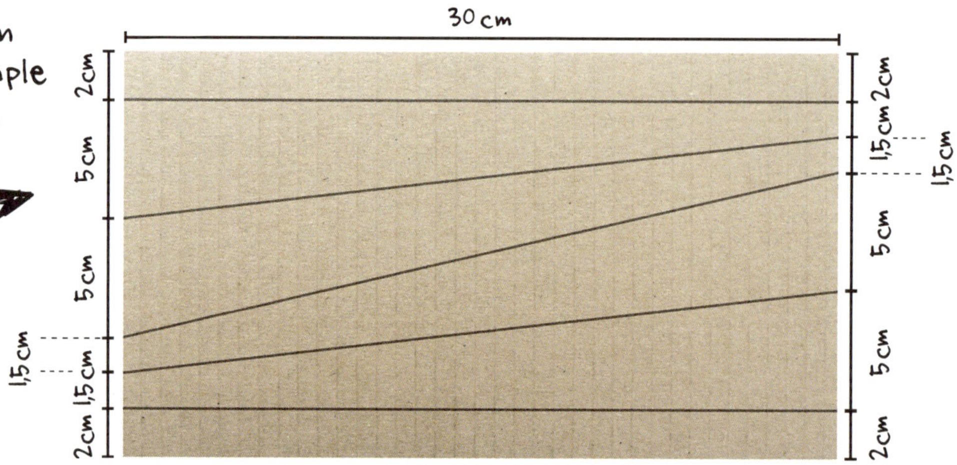

1 cuillère en bois

1 bassine avec du béton

10 vis à bois
diamètre : 4 mm
longueur : 4 cm

1 planche
dimensions : 18,6 x 33,6 cm

2 planches
dimensions : 5 x 30 cm

2 planches
dimensions : 5 x 18,6 cm

Rainurez le carton
avec le manche
en plastique
d'un pinceau.

Répétez l'opération avec
les autres planches.

Vissez les planches l'une
sur l'autre.

Attendez
au moins
48 heures que le
béton sèche.

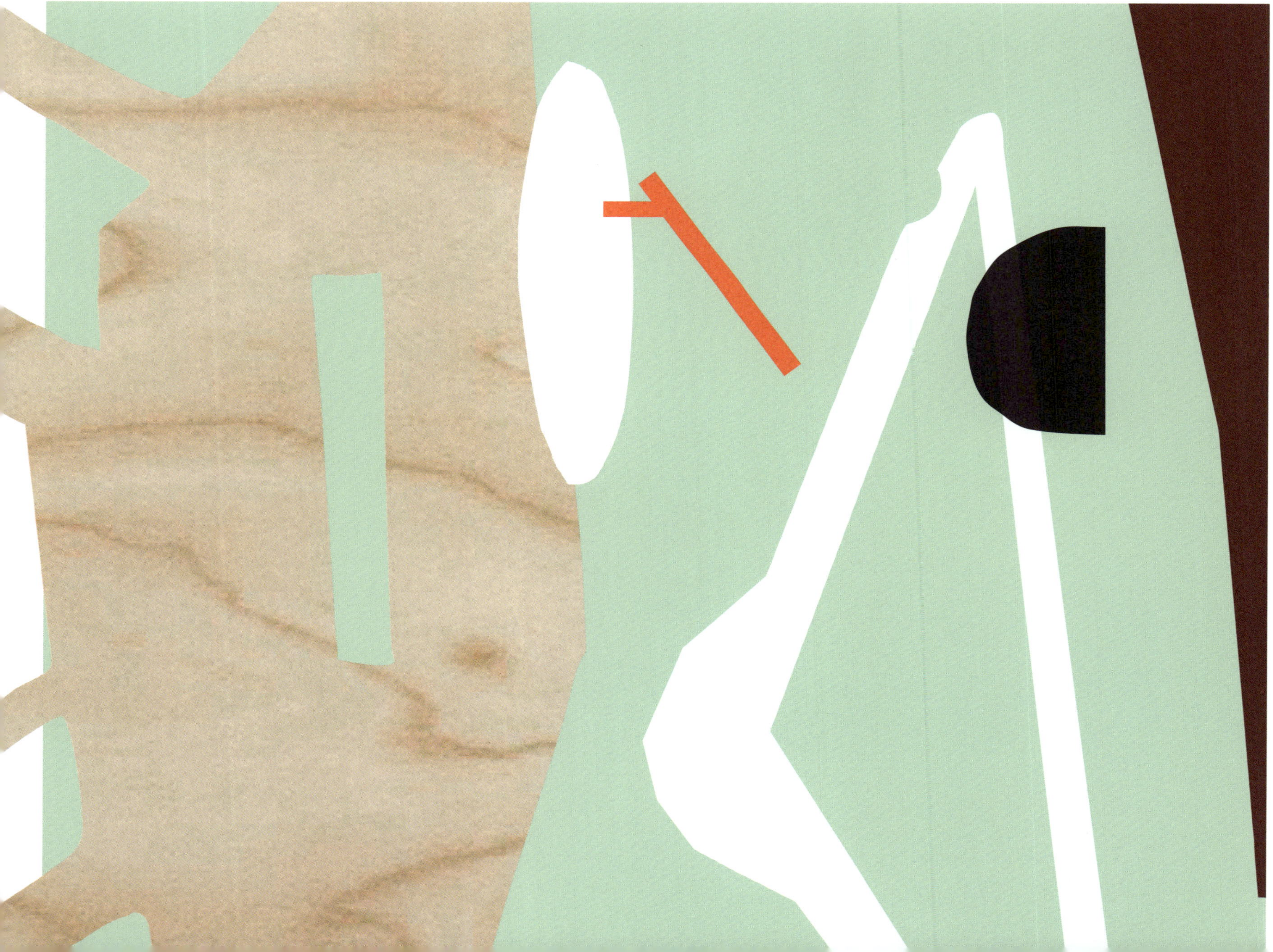

CIN
TRE

Niveau
Facile

Outils
- perceuse-visseuse
- scie sauteuse
- foret à bois (diamètre 3 mm)
- feuille abrasive
- lunettes de protection
- peinture (facultatif)
- pinceau (facultatif)

TABLE DE CHEVET

Vous pouvez adapter les dimensions de la table de chevet en utilisant des planches plus larges et en espaçant les cintres.

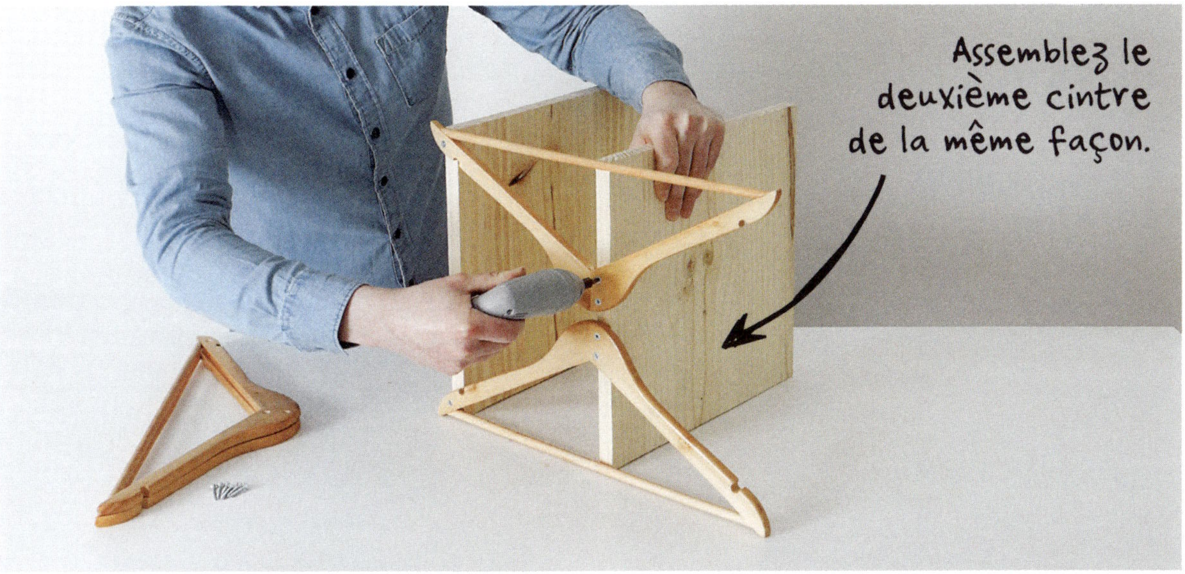
Assemblez le deuxième cintre de la même façon.

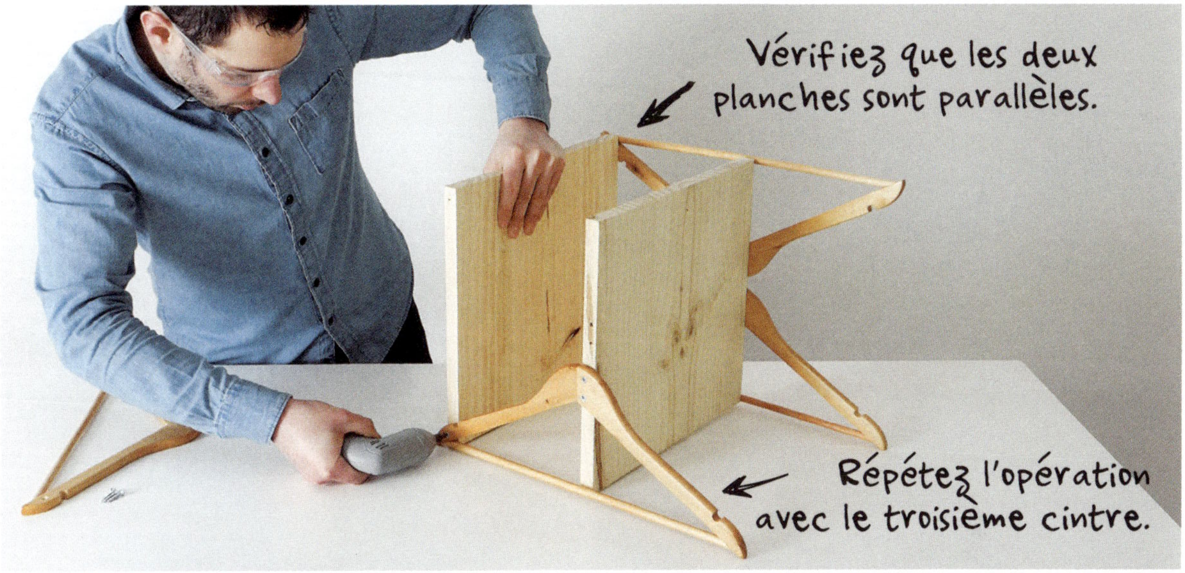
Vérifiez que les deux planches sont parallèles.
Répétez l'opération avec le troisième cintre.

Assemblez le quatrième cintre de la même façon.

Niveau
Facile

Outils
- perceuse-visseuse
- scie sauteuse
- feuille abrasive
- forets à bois (diamètres 2 et 4 mm)
- lunettes de protection

ÉTAGÈRE

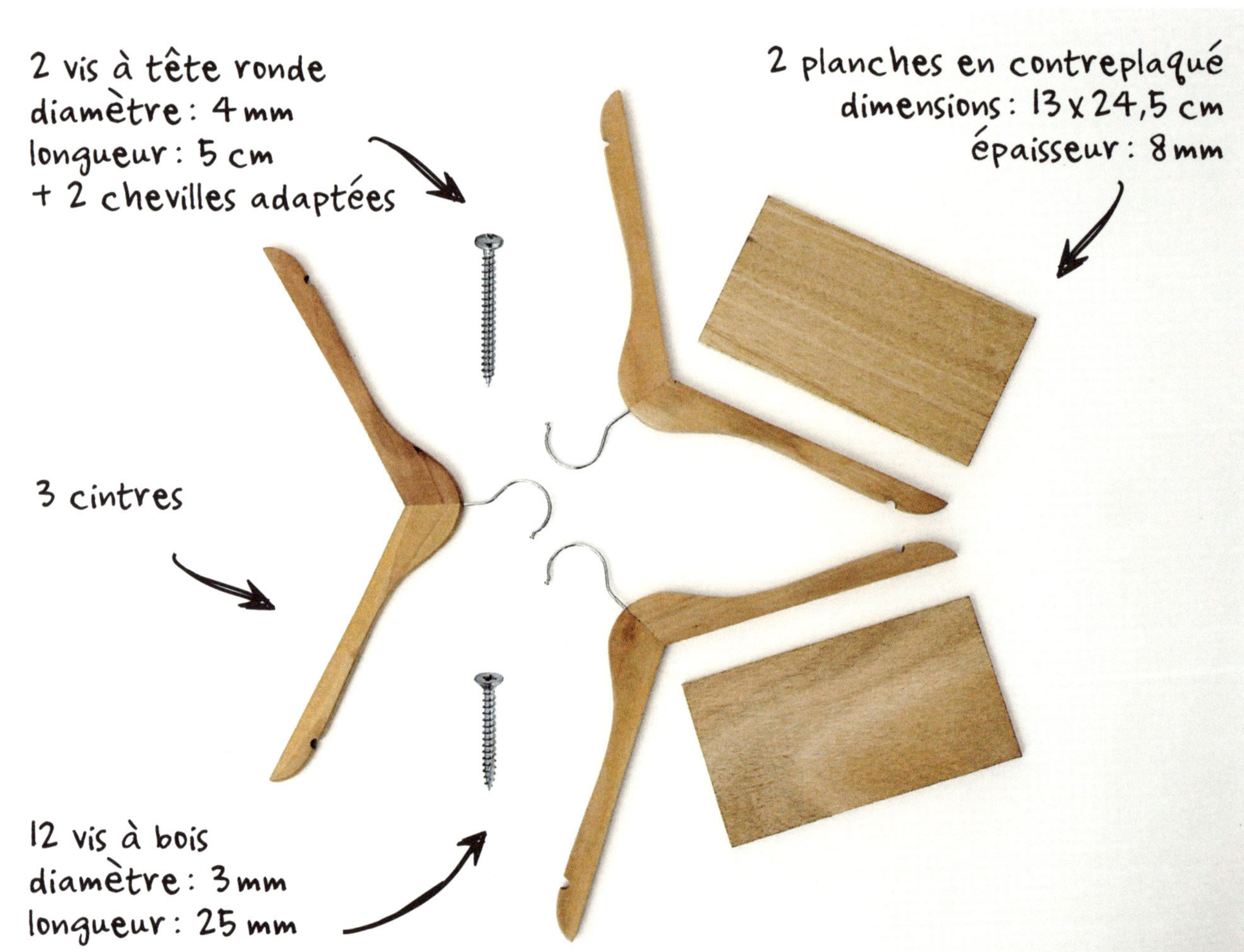

J.D. Salinger L'attrape-cœurs
David Foenkinos La délicatesse
JESSE KELLERMAN LES VISAGES
Romain Gary La promesse de l'aube

Enlevez
les crochets
des cintres.
Percez deux cintres
avec un foret à bois diamètre 4 mm.

Fixez la planche sur le cintre
avec trois vis à bois
diamètre 3 mm
et longueur 25 mm.

Répétez l'opération
pour réaliser le second
module.

Vous pouvez réaliser plusieurs étagères pour rythmer la surface de votre mur.

Niveau
Moyen

Outils
- perceuse-visseuse
- scie sauteuse
- forets à bois (diamètres 3, 4 et 7 mm)
- tournevis d'électricien
- feuille abrasive
- lunettes de protection
- peinture (facultatif)
- pinceau (facultatif)

LAMPE

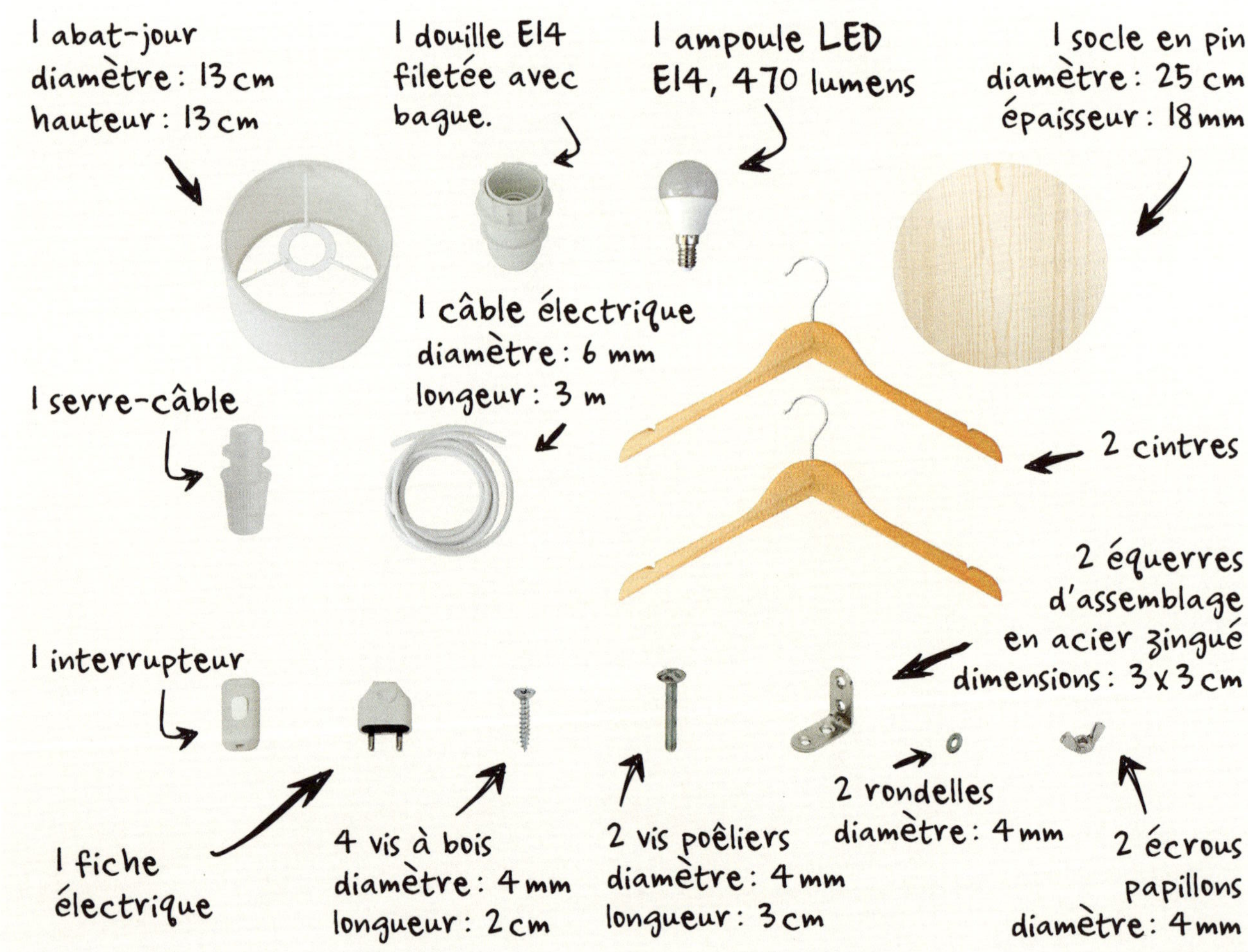

Percez les deux cintres
en quatre points.

Trou dans l'encoche
diamètre 7mm
Trous
diamètre 7mm
Trou
diamètre 4mm
Trous
diamètre 7mm
Trou
diamètre 4mm
Assemblez les cintres avec une vis poêlier,
une rondelle et un écrou papillon.

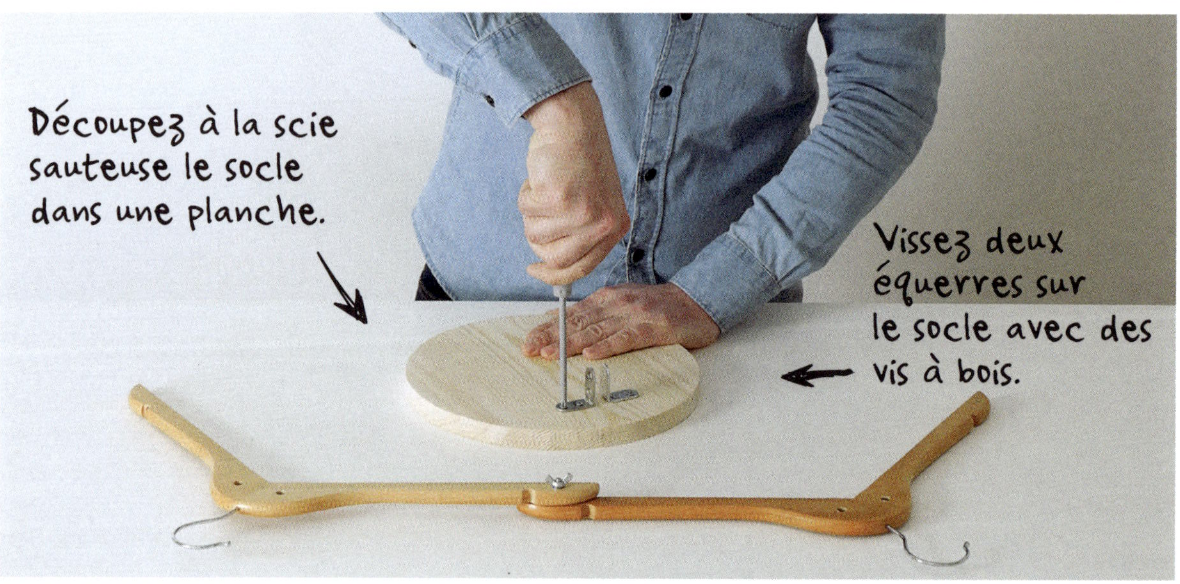
Découpez à la scie
sauteuse le socle
dans une planche.
Vissez deux
équerres sur
le socle avec des
vis à bois.

Avant de réaliser un montage électrique (câble, douille, fiche et interrupteur), vérifiez que votre installation est hors tension.

Niveau
Moyen

Outils
- perceuse-visseuse
- scie sauteuse
- forets à bois (diamètres 2, 3 et 4 mm)
- lunettes de protection
- feuille abrasive
- peinture (facultatif)
- pinceau (facultatif)

TABLE BASSE

Les planches sont toutes en OSB d'épaisseur 18 mm.

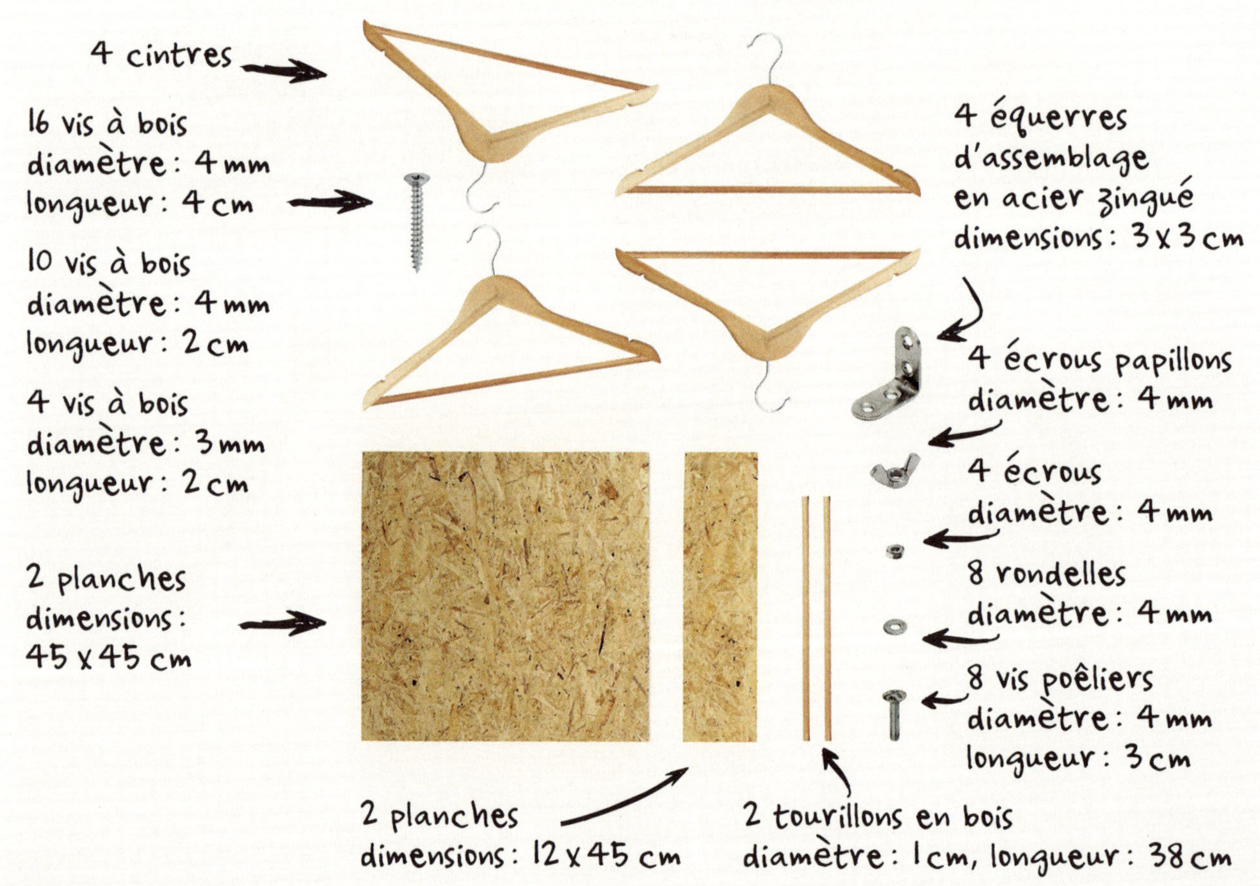

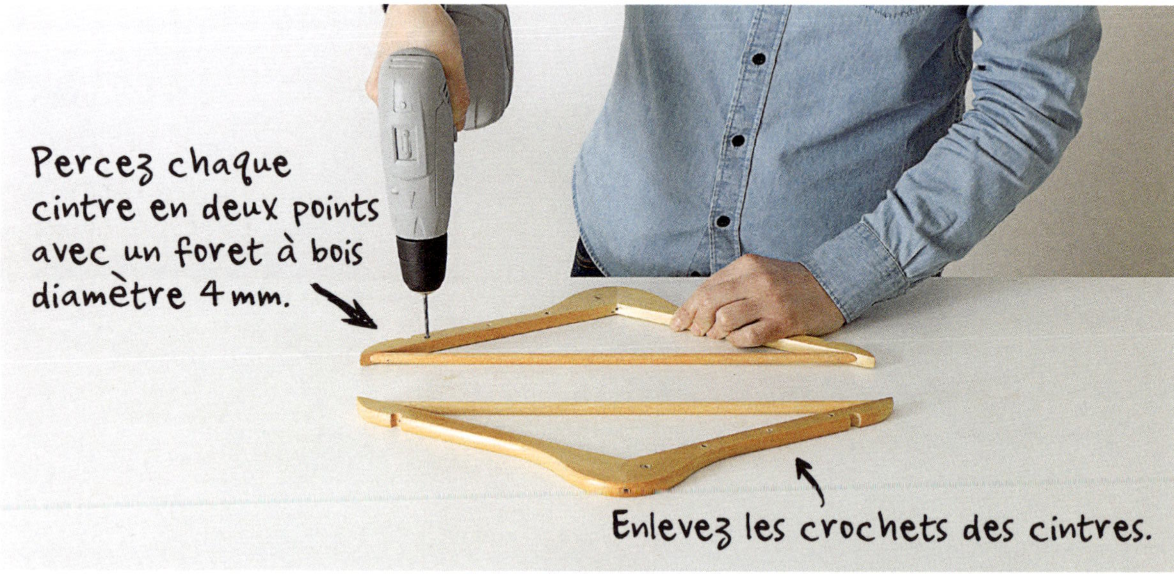

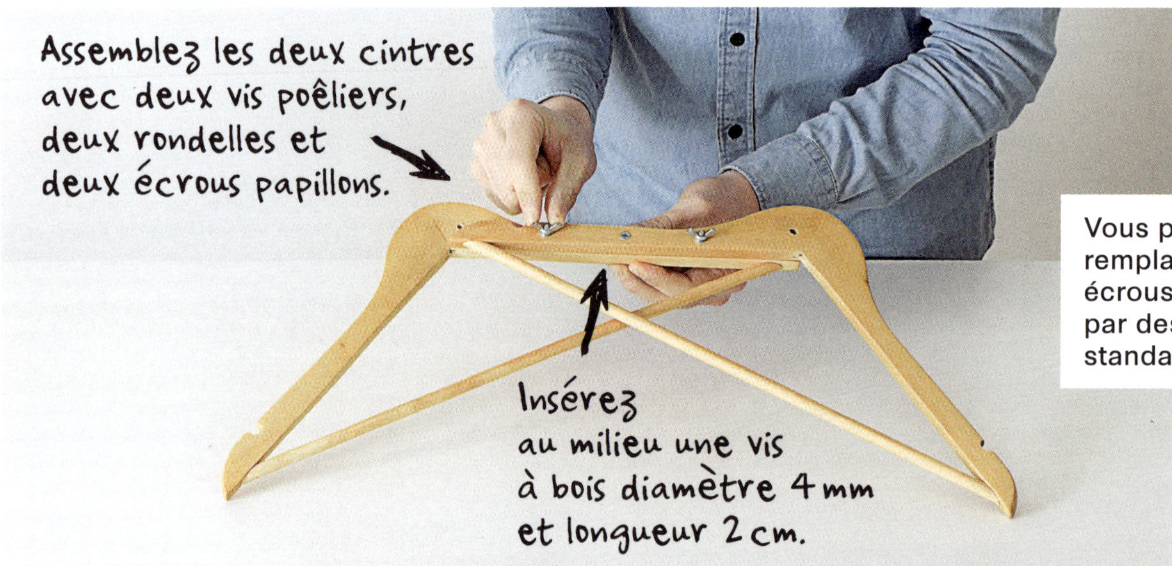

Vous pouvez remplacer les écrous papillons par des écrous standard.

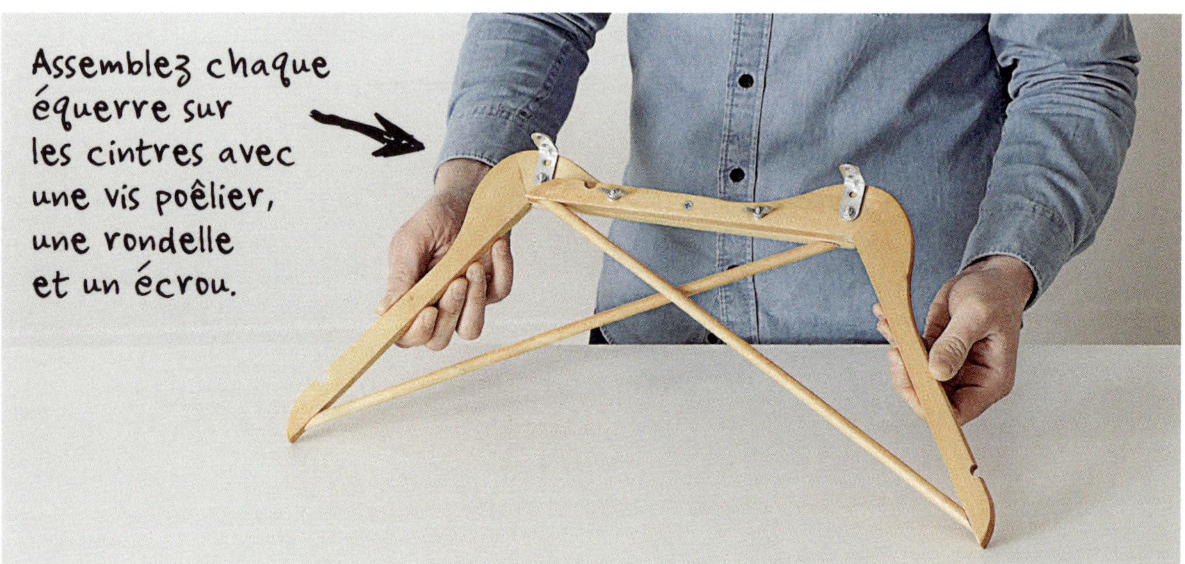

Vous pouvez récupérer deux baguettes de cintres en bois pour remplacer les tourillons.

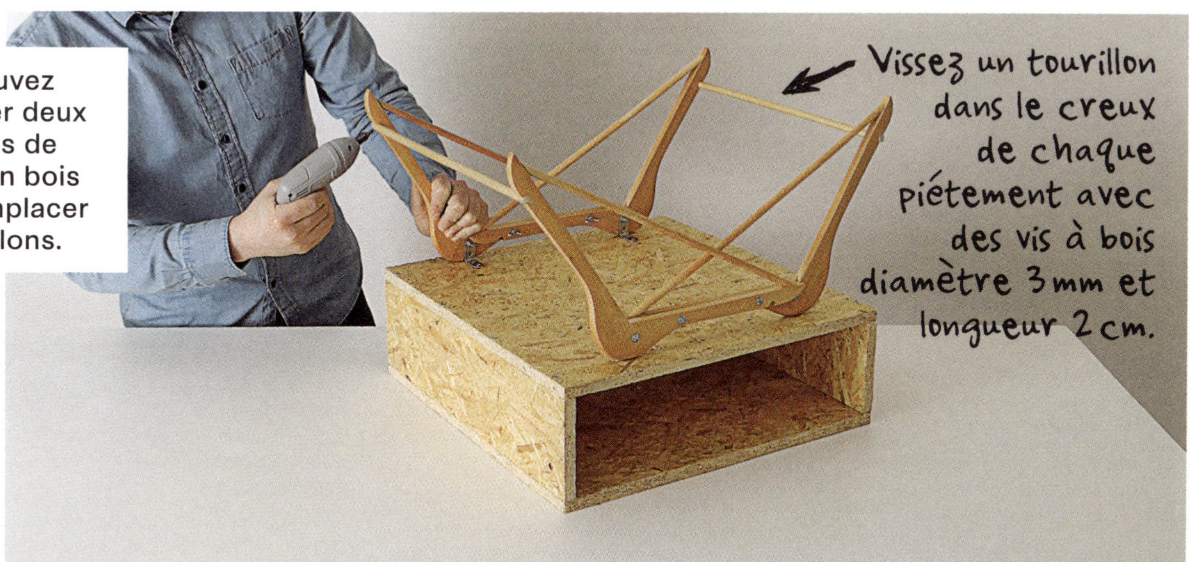

Niveau
Facile

Outils
- perceuse-visseuse
- scie sauteuse
- foret à bois (diamètre 3 mm)
- pâte à bois
- feuille abrasive
- lunettes de protection
- pinceau (facultatif)
- peinture (facultatif)

TABLETTE CANAPÉ

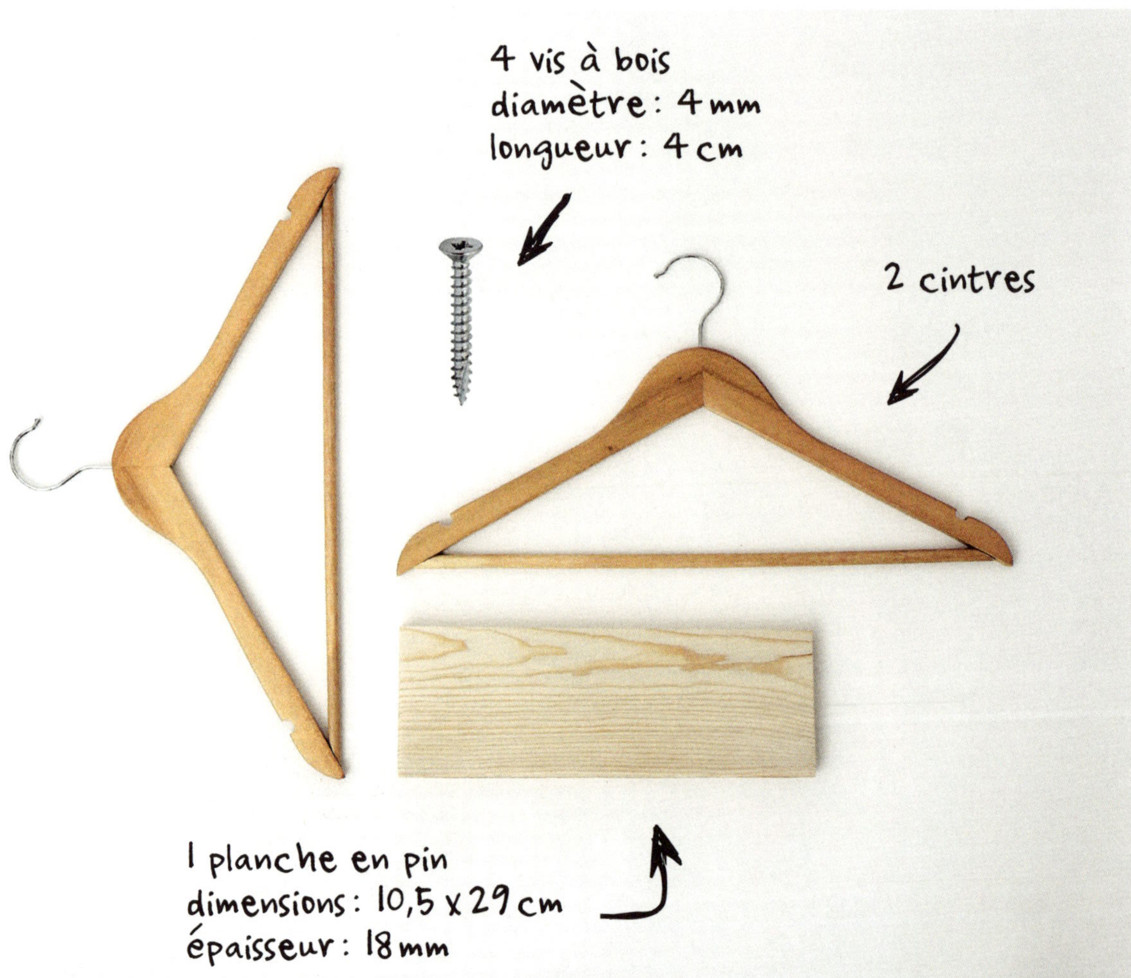

Adaptez les dimensions de la planche en fonction de votre canapé.

Insérez la
première vis pour
fixer le deuxième
cintre sur
la planche.

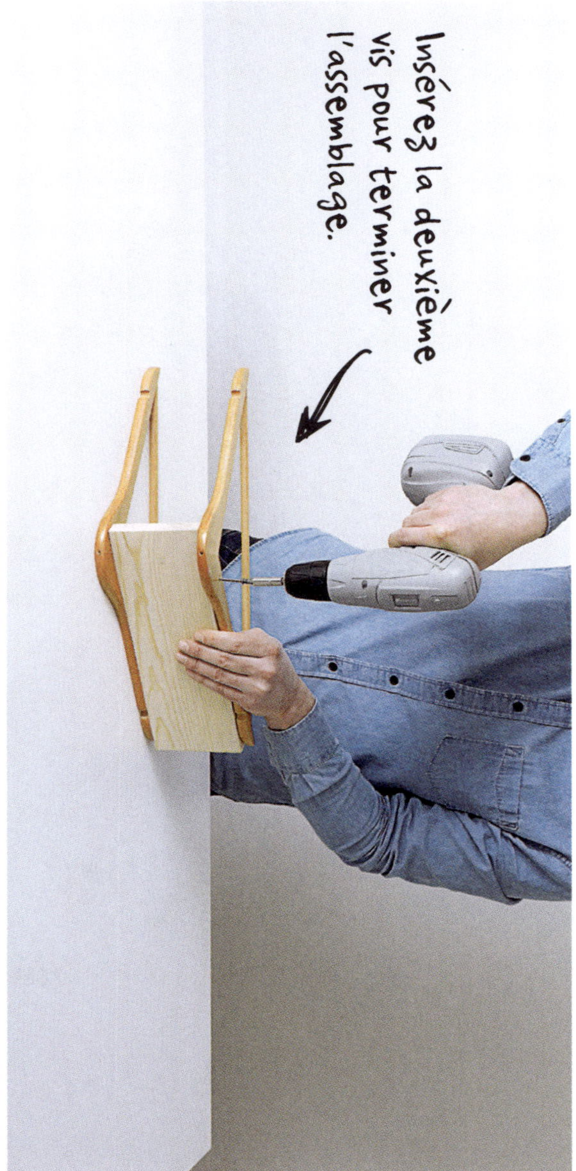
Insérez la deuxième
vis pour terminer
l'assemblage.

Masquez les vis avec
de la pâte à bois.
Appliquez la peinture.

Niveau
Moyen

Outils
- perceuse-visseuse
- scie sauteuse
- forets à bois (diamètres 3 et 10 mm)
- butée de perçage (diamètre 10 mm)
- feuille abrasive
- lunettes de protection
- peinture (facultatif)
- pinceau (facultatif)

PORTEMANTEAU

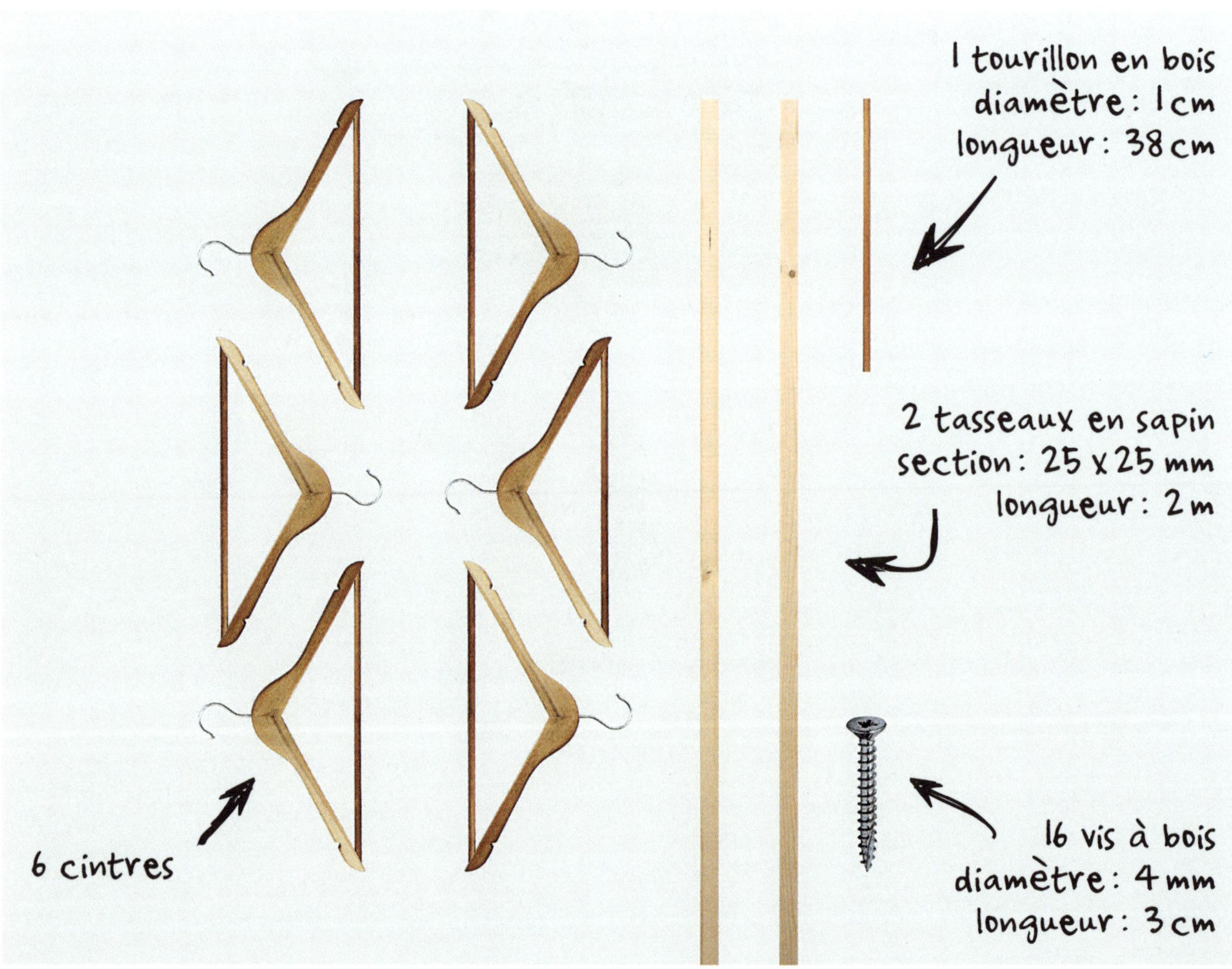

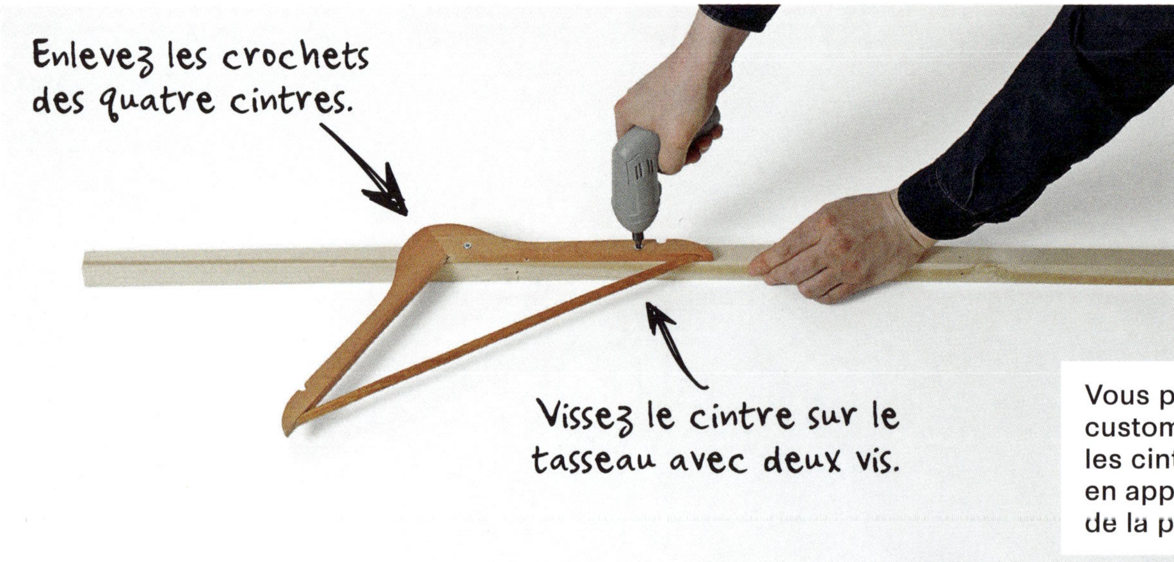

Vous pouvez
customiser
les cintres
en appliquant
de la peinture.

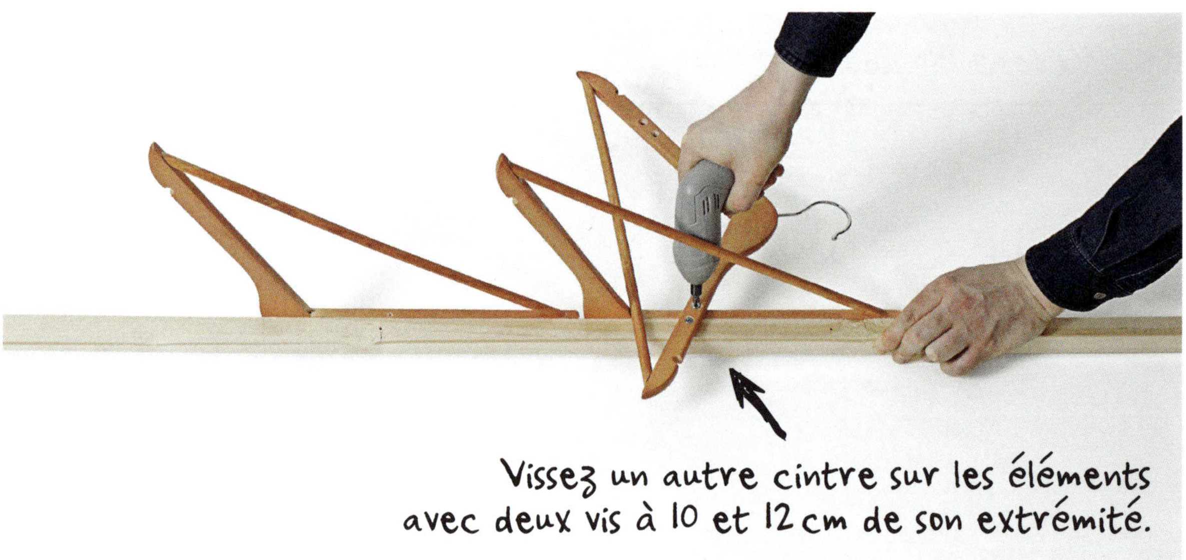

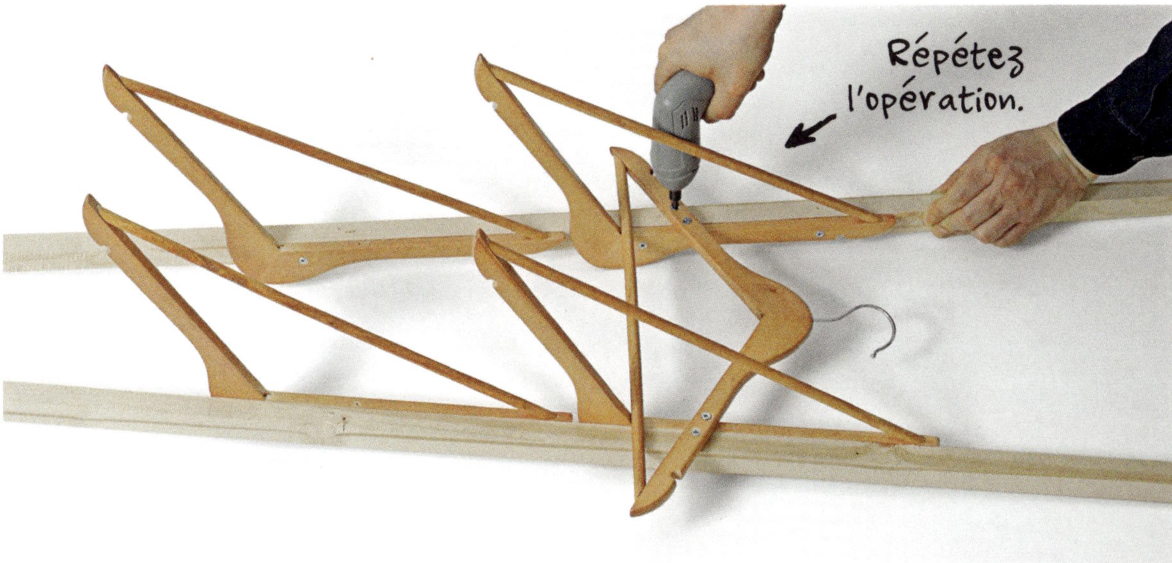

Vissez le dernier cintre de la même façon.

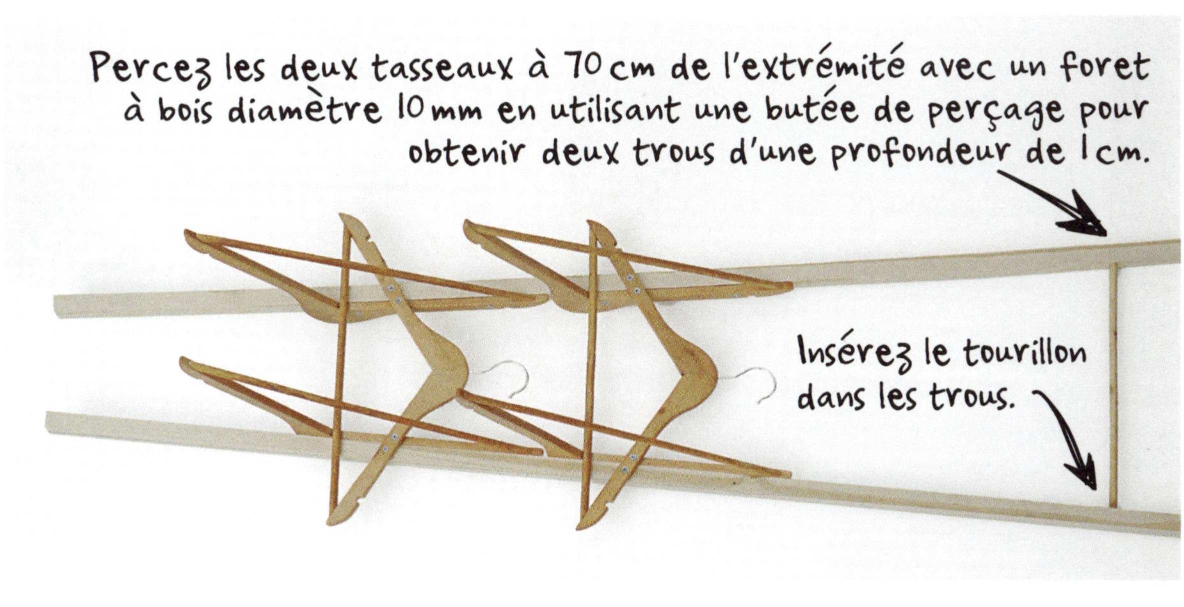

PALETTE

Niveau
Difficile

Outils

- perceuse-visseuse
- scie sauteuse
- forets à bois (diamètres 3 et 7 mm)
- tournevis d'électricien
- feuille abrasive
- lunettes et gants de protection

LAMPE

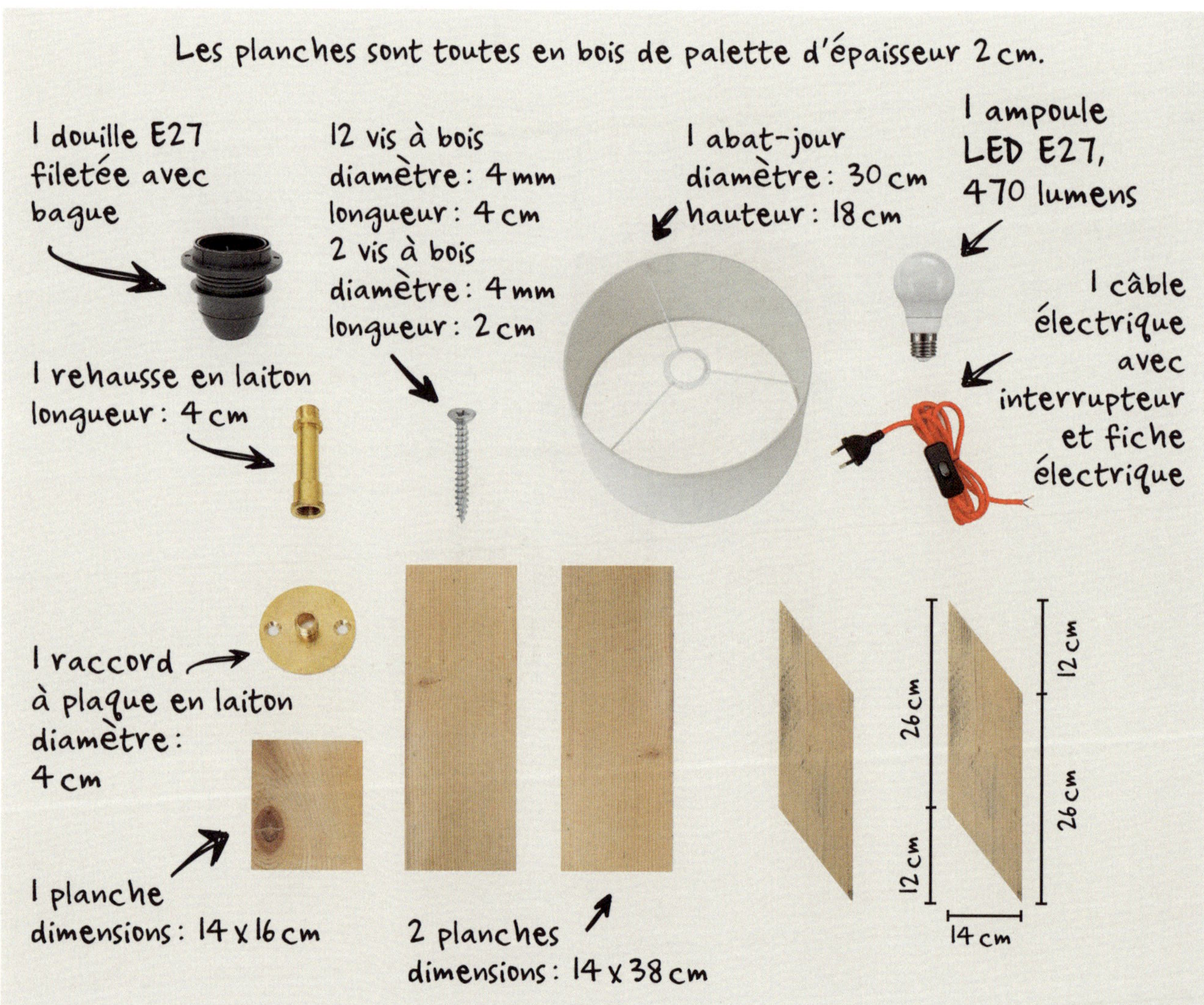

Démontez
ou découpez
la palette.

Découpez à la
scie sauteuse les
cinq planches.

Vissez
les planches
l'une sur l'autre
avec deux vis
diamètre 4 mm
et longueur 4 cm.

Avant de réaliser un montage électrique (câble, douille, fiche et interrupteur), vérifiez que votre installation est hors tension.

Niveau
Facile

Outils
- perceuse-visseuse
- scie sauteuse
- scie à métaux
- étau
- butée de perçage (diamètre 8 mm)
- forets à bois (diamètres 3 et 8 mm)
- feuille abrasive
- lunettes de protection
- peinture (facultatif)
- pinceau (facultatif)

PATÈRE

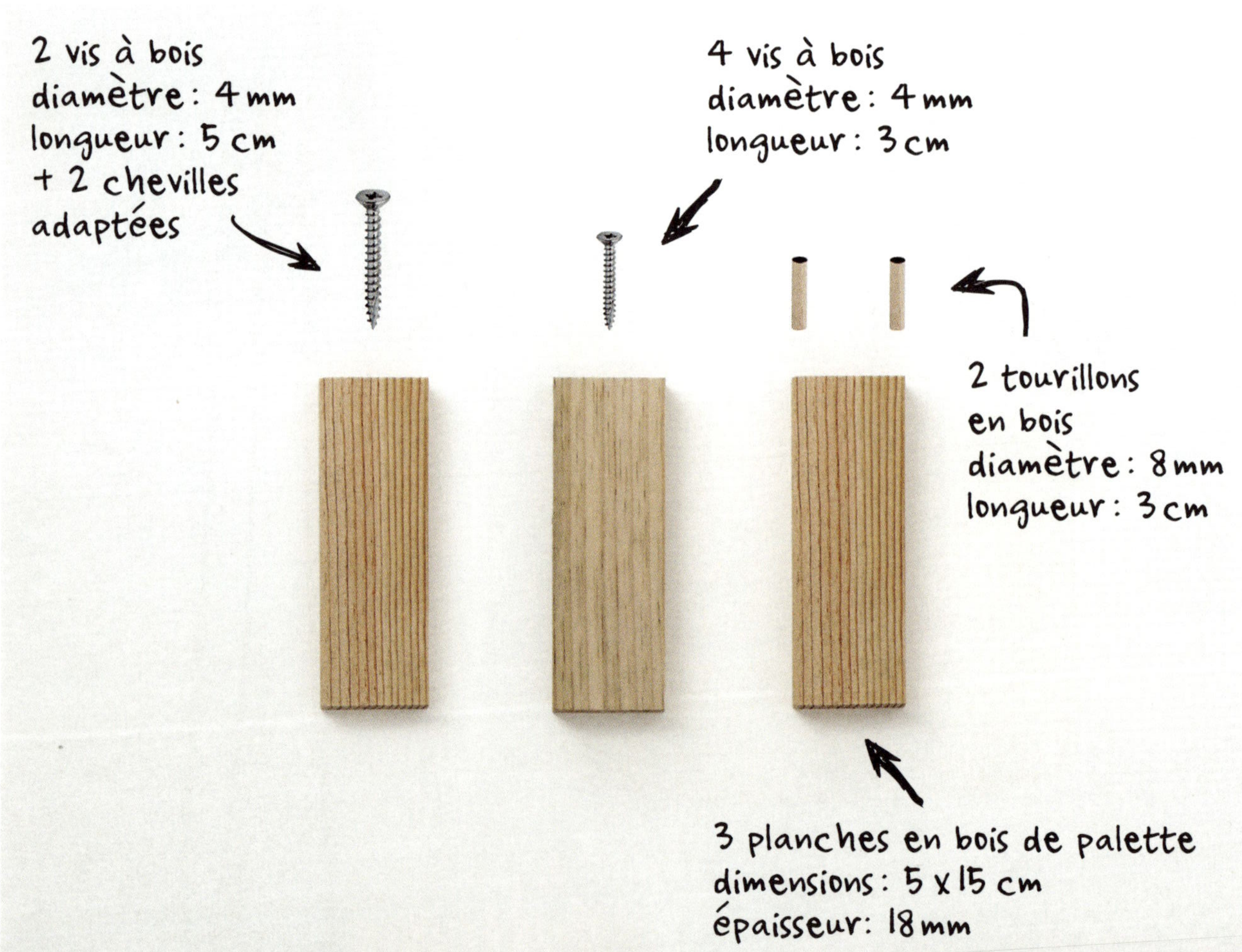

Découpez à la scie sauteuse les trois planches.

Vissez les planches l'une sur l'autre avec deux vis diamètre 4 mm et longueur 3 cm.

Répétez l'opération.

La scie
à métaux
permet
de découper
un tourillon
en bois sans
faire d'éclat
dans la matière.

Vous pouvez
customiser
la patère avec
de la corde.

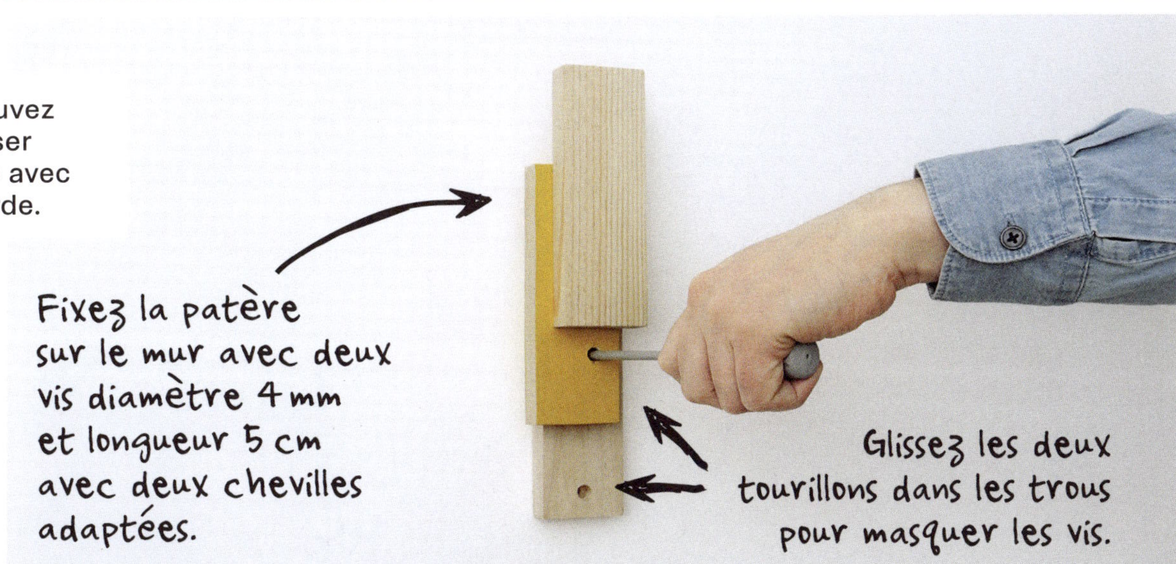

Niveau
Facile

Outils
- scie sauteuse
- 2 serre-joints
- cutter
- feuille abrasive
- lunettes de protection

RANGE-CRAYONS

1 feuille en carton cannelé
dimensions : 8 x 30 cm

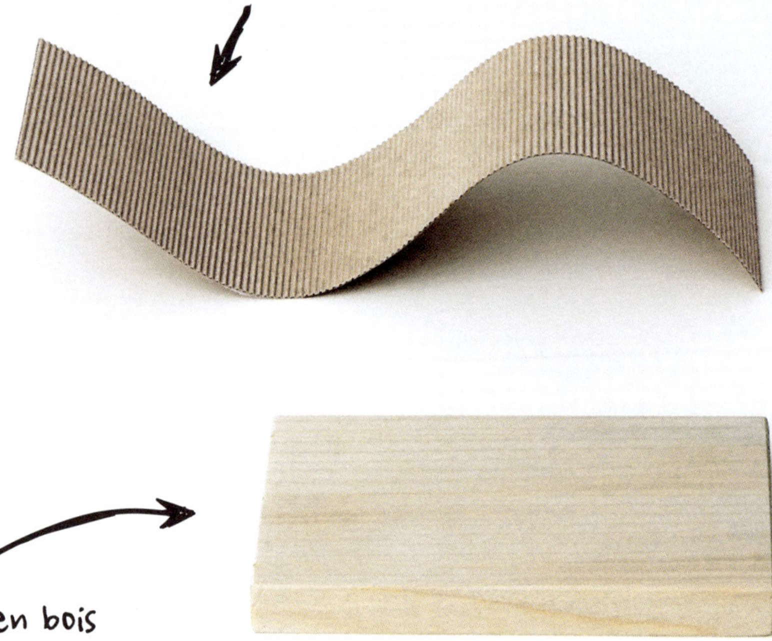

1 planche en bois
de palette
dimensions : 9 x 15 cm
épaisseur : 18 mm

Vous pouvez remplacer le carton par une feuille de plastique en recyclant un classeur ou une pochette à rabats.

L'encoche permet
de bloquer la feuille.

Insérez la feuille en carton
dans la deuxième encoche
de la planche.

Bloquez la feuille dans
la dernière encoche.

Niveau
Avancé

Outils
- perceuse-visseuse
- scie sauteuse
- 2 serre-joints
- foret à bois (diamètre 3 mm)
- feuille abrasive
- lunettes de protection
- peinture (facultatif)
- pinceau (facultatif)

MEUBLE DE RANGEMENT

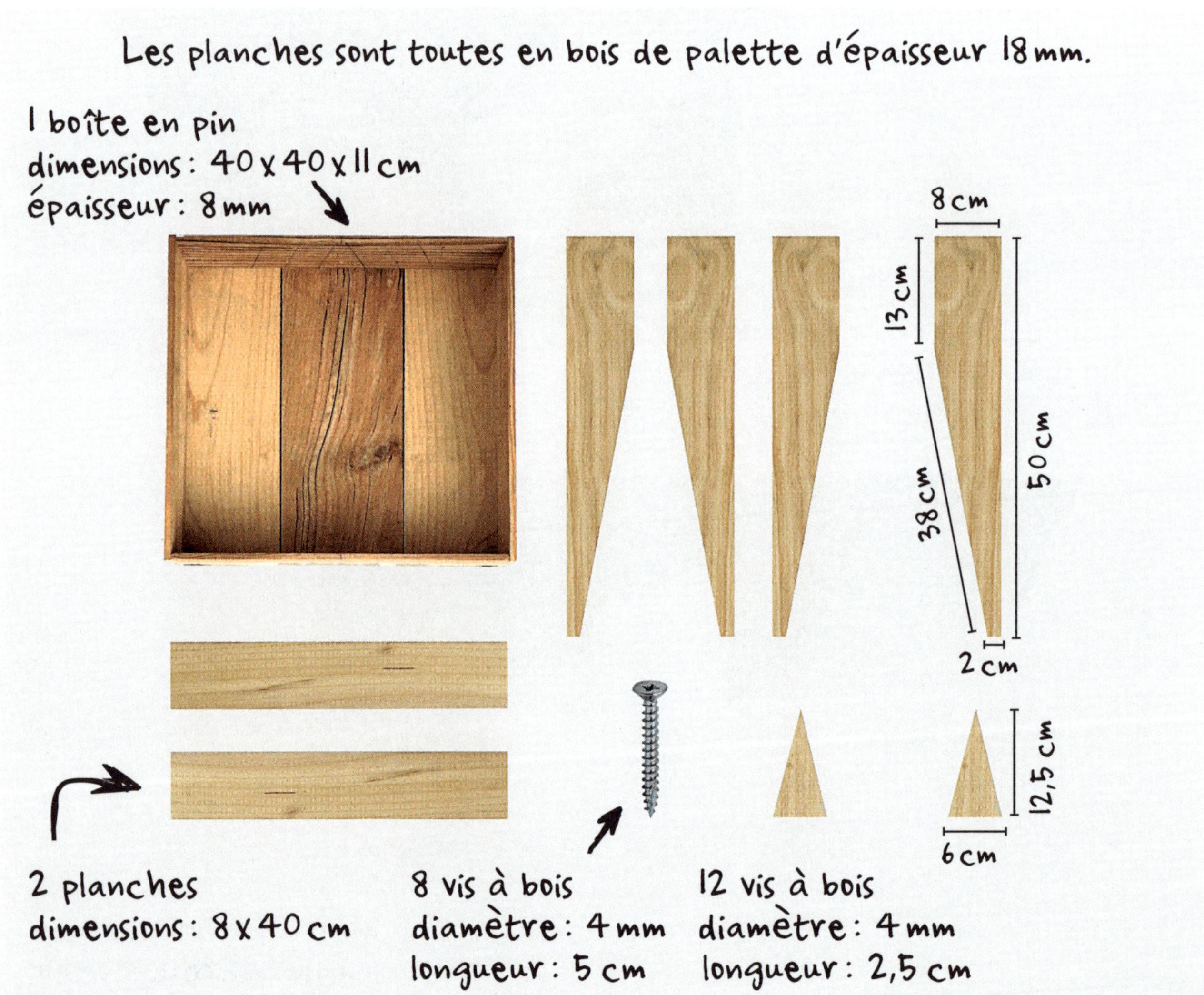

Connaissez-vous Paris?
La délicatesse
PLATON
CRITON
folio
L'amie prodigieuse
La nuit des temps
La Reine du silence
La vie devant soi

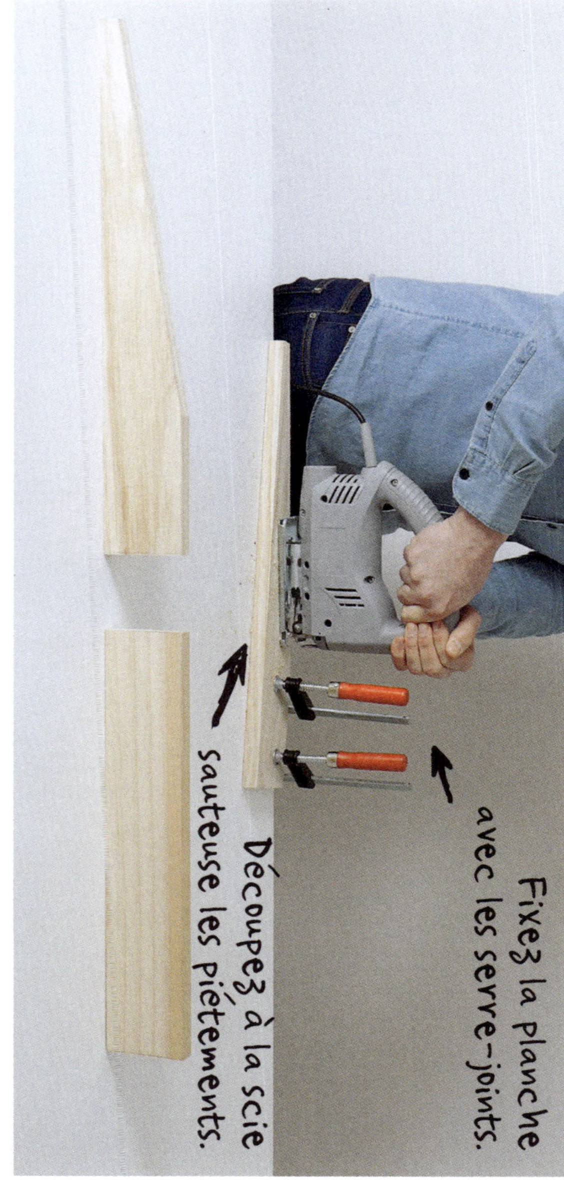
Fixez la planche
avec les serre-joints.
Découpez à la scie
sauteuse les piètements.

Vissez les planches l'une
sur l'autre avec deux vis diamètre 4 mm et longueur 5 cm.

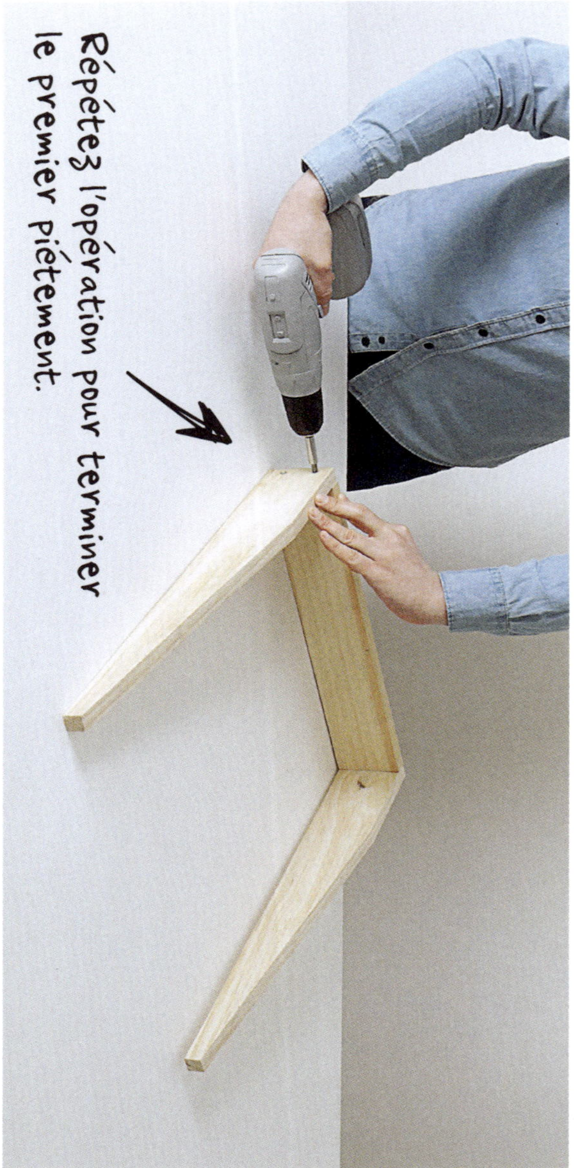
Répétez l'opération pour terminer
le premier piètement.

Vous pouvez réaliser le graphisme de votre choix sur les planches.

PL
AN
CHE

Niveau
Avancé

Outils
- perceuse-visseuse
- scie sauteuse
- 2 serre-joints
- foret à bois diamètre 3 mm
- feuille abrasive
- lunettes de protection
- peinture (facultatif)
- pinceau (facultatif)

RANGE-CHAUSSURES

Les planches sont toutes en pin d'épaisseur 18 mm.

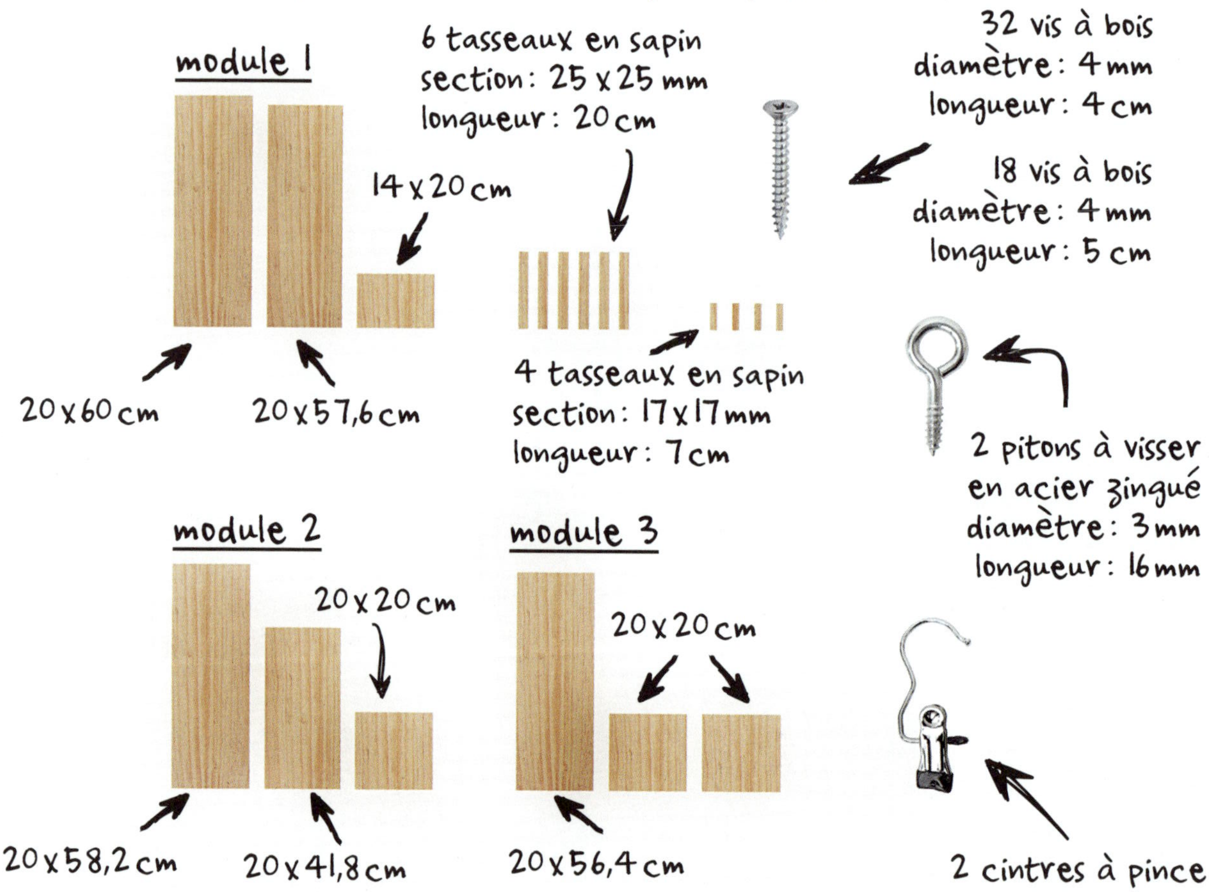

Vissez les planches l'une sur l'autre avec trois vis diamètre 4 mm et longueur 5 cm.

Répétez l'opération.

Vissez le tasseau sur les deux planches avec quatre vis diamètre 4 mm et longueur 4 cm.

Vissez le deuxième tasseau de la même façon.

Vissez le tasseau sur l'épaisseur de la planche avec deux vis diamètre 4 mm et longueur 4 cm de chaque côté.

Réalisez les autres modules de la même façon.

Ajoutez deux cintres à pince sur les deux pitons à visser.

Vous pouvez déplacer les modules pour agrandir l'espace de rangement.

Niveau
Moyen

Outils
- perceuse-visseuse
- scie sauteuse
- forets à bois (diamètres 3 et 7 mm)
- 2 serre-joints
- tournevis d'électricien
- feuille abrasive
- lunettes de protection

LAMPE DISQUE

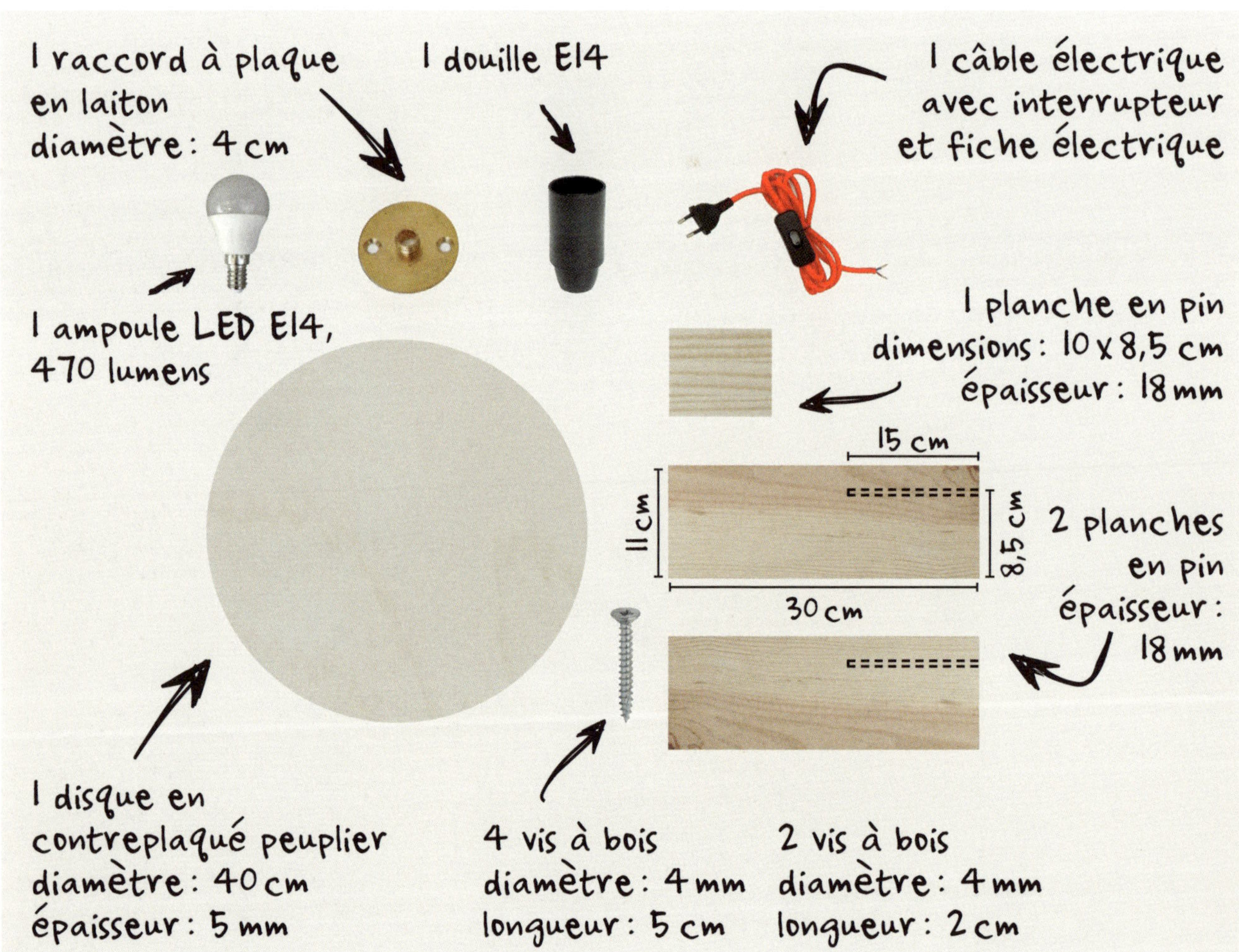

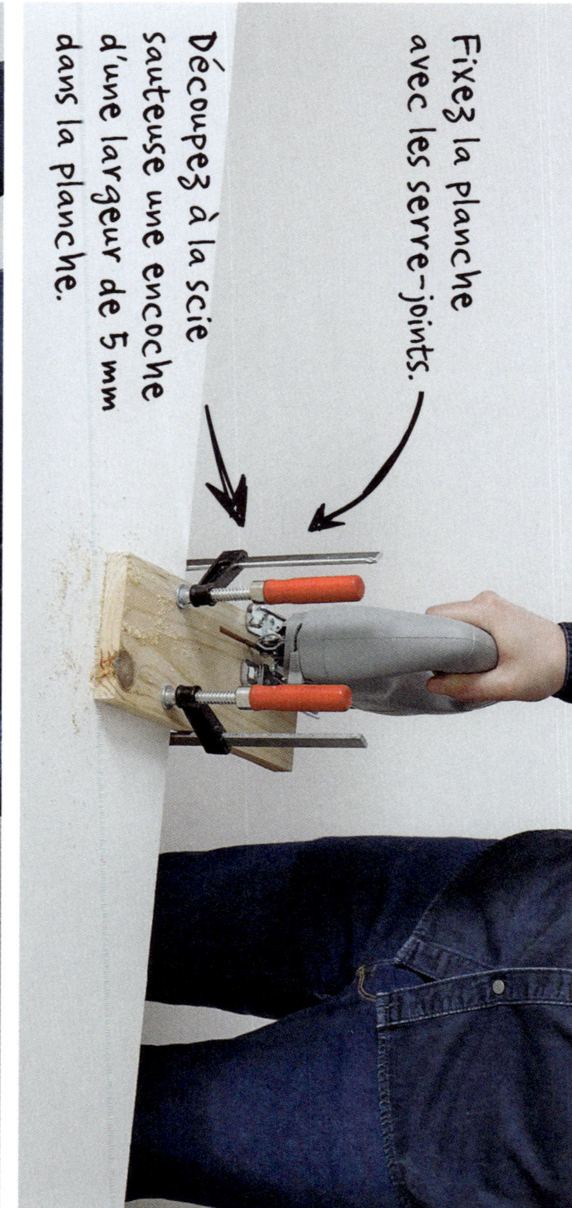
Fixez la planche
avec les serre-joints.
Découpez à la scie
sauteuse une encoche
d'une largeur de 5 mm
dans la planche.

Vissez les planches l'une sur l'autre
avec deux vis diamètre 4 mm et longueur 5 cm.

Réalisez la même opération de l'autre côté.

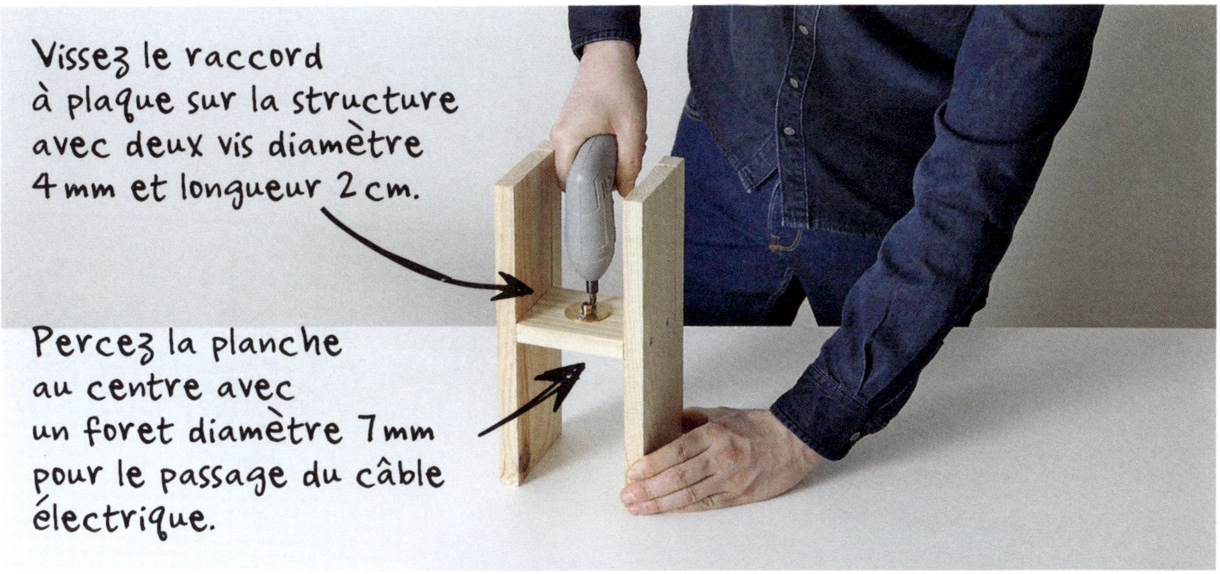

Avant de réaliser un montage électrique (câble, douille, fiche et interrupteur), vérifiez que votre installation est hors tension.

Niveau
Avancé

Outils
- perceuse-visseuse
- scie sauteuse
- 2 serre-joints
- foret à bois (diamètre 3 mm)
- feuille abrasive
- lunettes de protection
- peinture (facultatif)
- pinceau (facultatif)

TABLE COMPAS

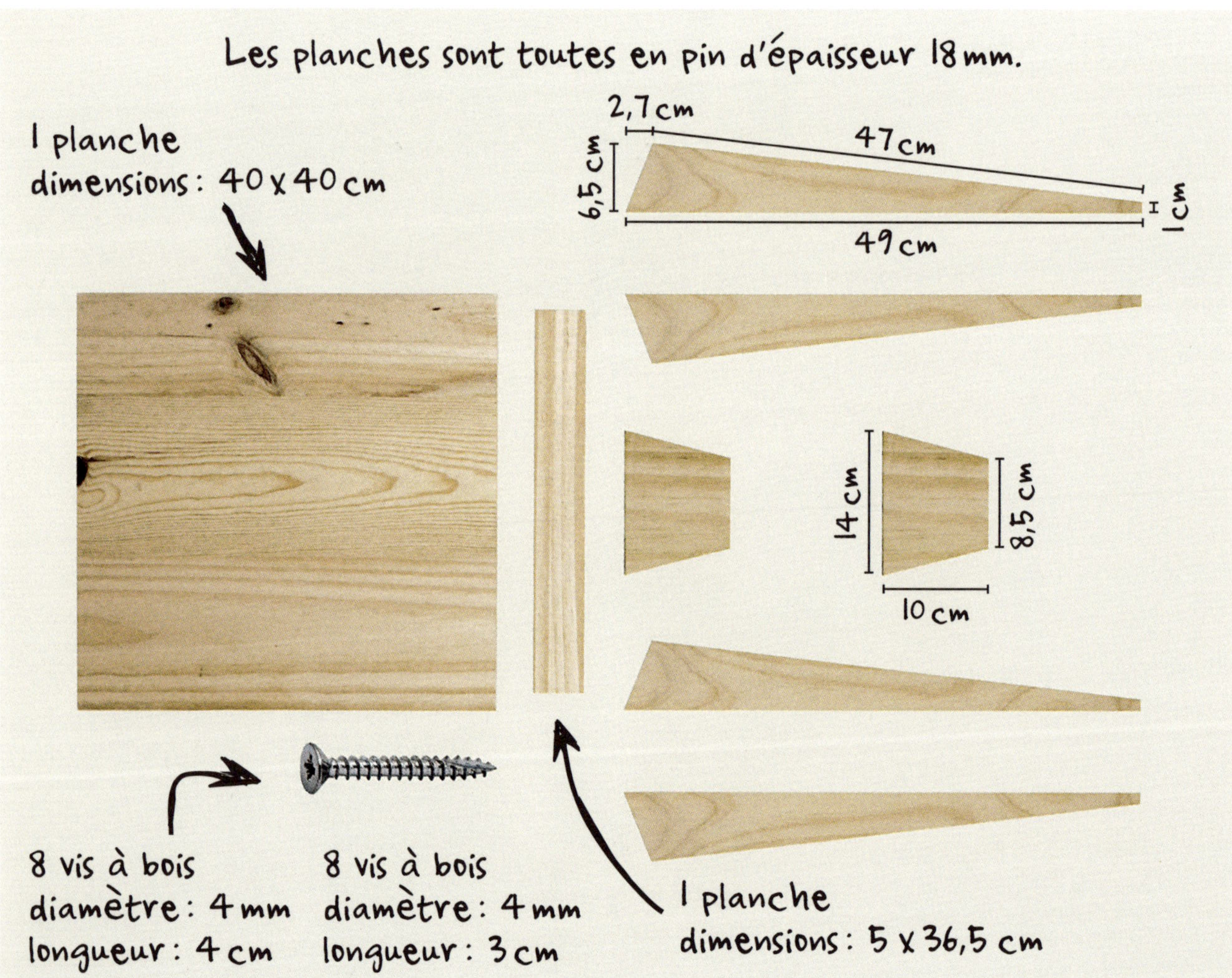

Vous pouvez réaliser le graphisme de votre choix sur les planches.

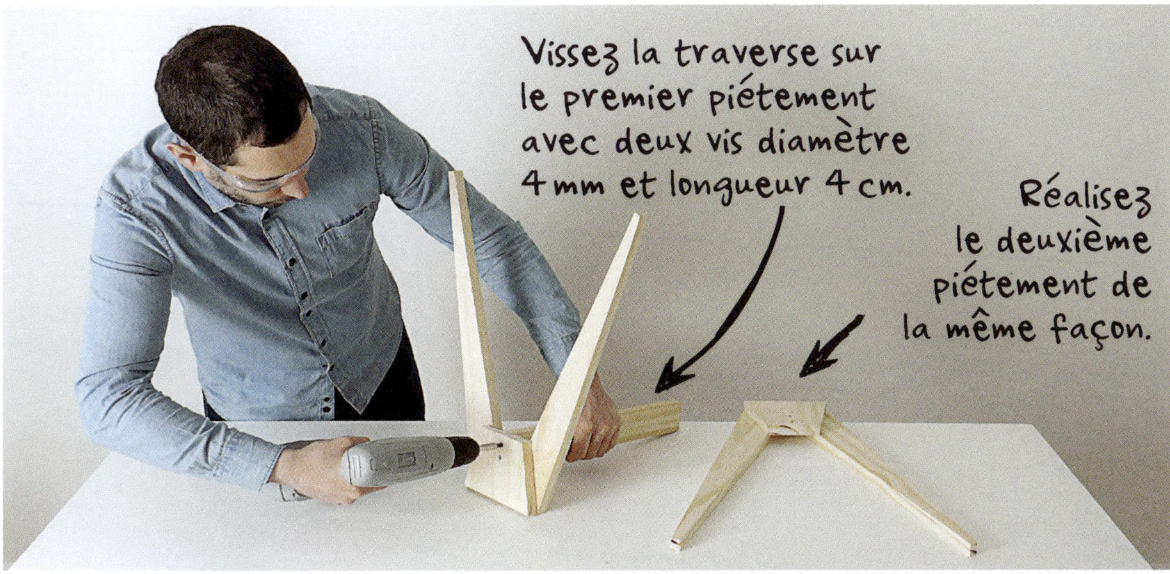
Vissez la traverse sur
le premier piétement
avec deux vis diamètre
4 mm et longueur 4 cm.
Réalisez
le deuxième
piétement de
la même façon.

Vissez le
deuxième
piétement sur
la traverse.

Vissez le plateau
sur les piétements
avec deux vis
de chaque côté
du plateau,
diamètre 4 mm
et longueur 4 cm.

Niveau
Facile

Outils
- perceuse-visseuse
- scie sauteuse
- foret à bois (diamètre 3 mm)
- 2 serre-joints
- peinture aérosol couleur cuivre (facultatif)
- feuille abrasive
- lunettes de protection

MIROIR

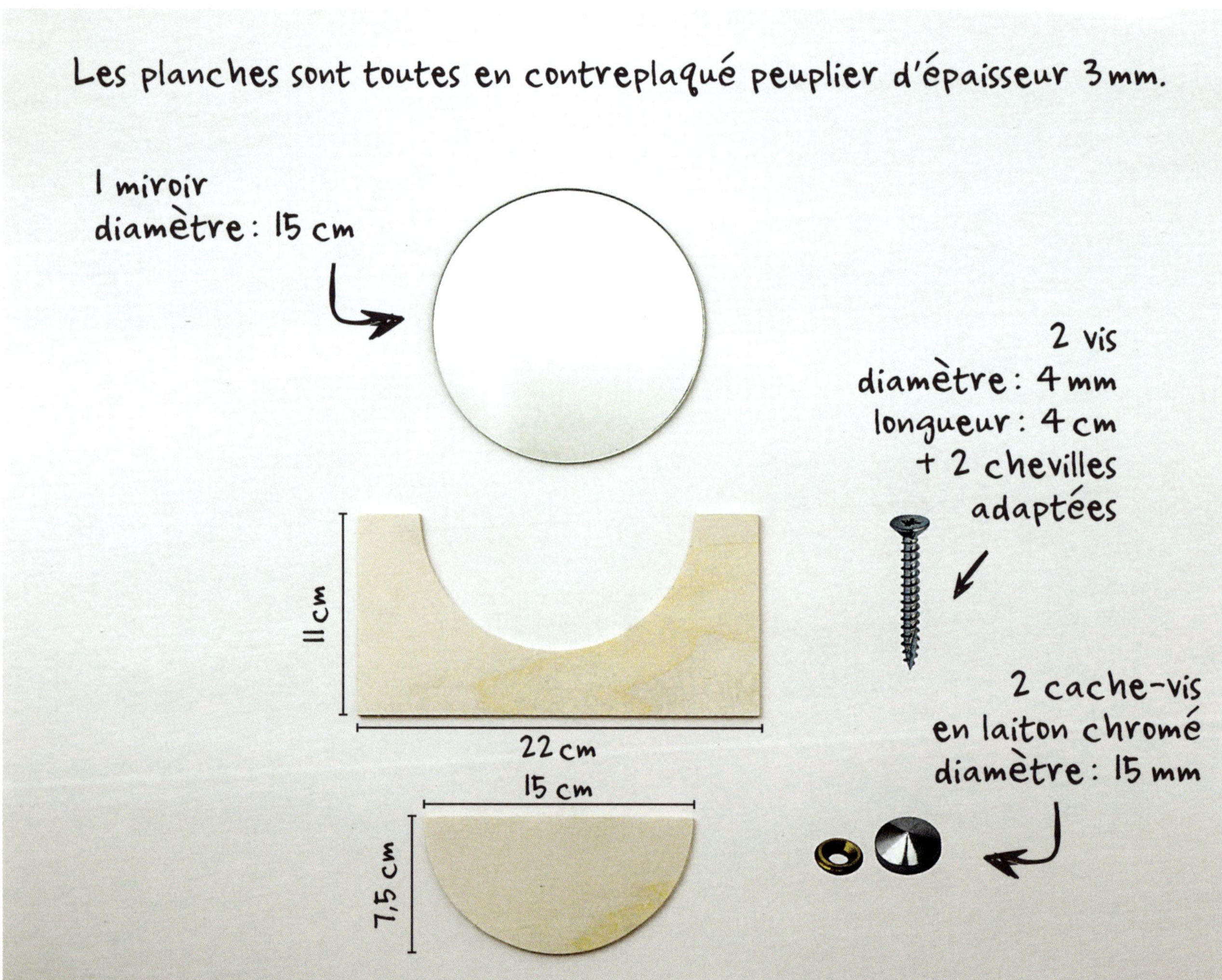

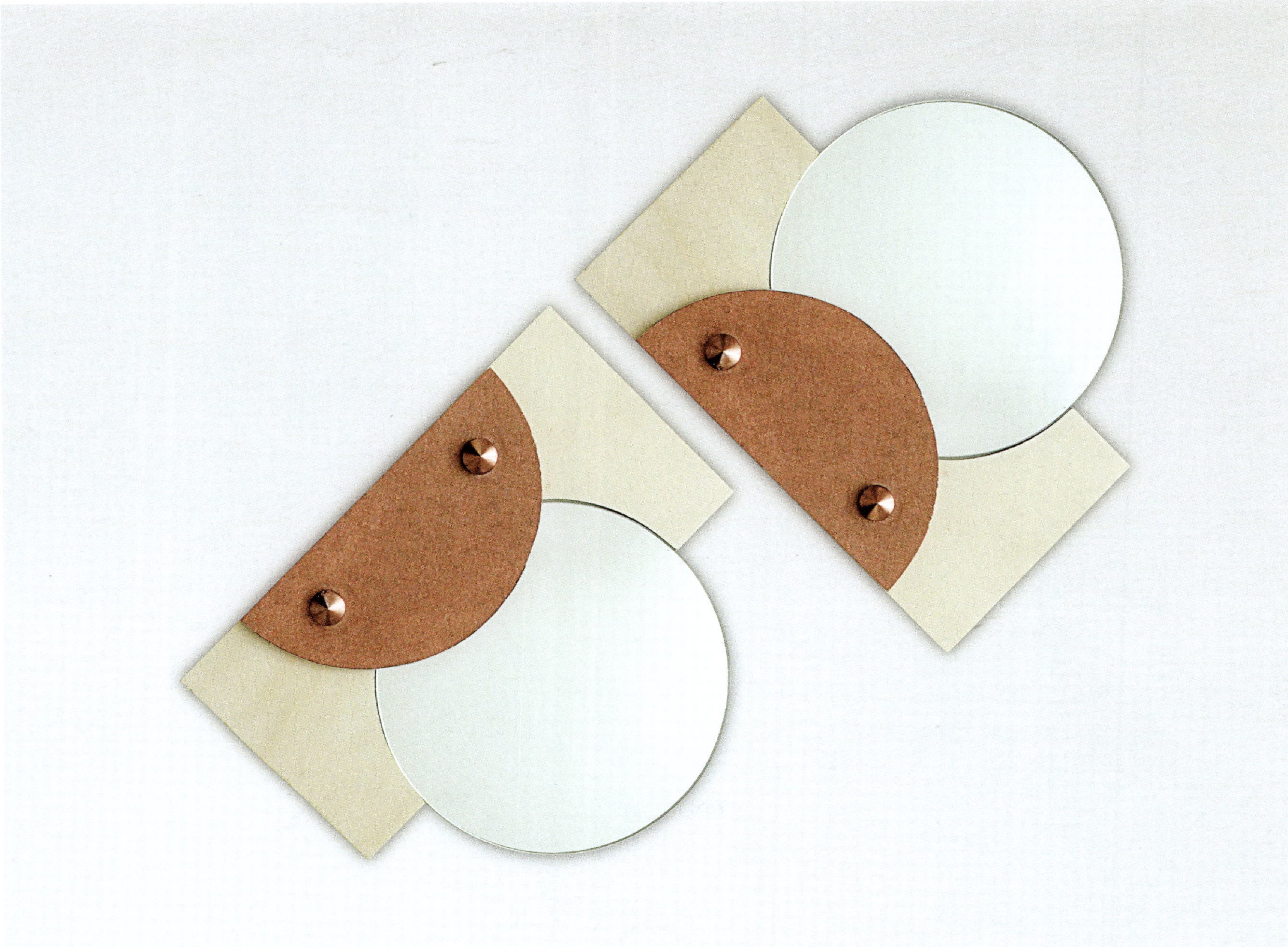

Découpez la planche
au diamètre du miroir
à la scie sauteuse avec
une lame à denture resserrée.
Fixez la
planche avec
les serre-joints.

Poncez le demi-cercle
obtenu avec une feuille
abrasive.

Répétez l'opération
sur la planche
découpée.

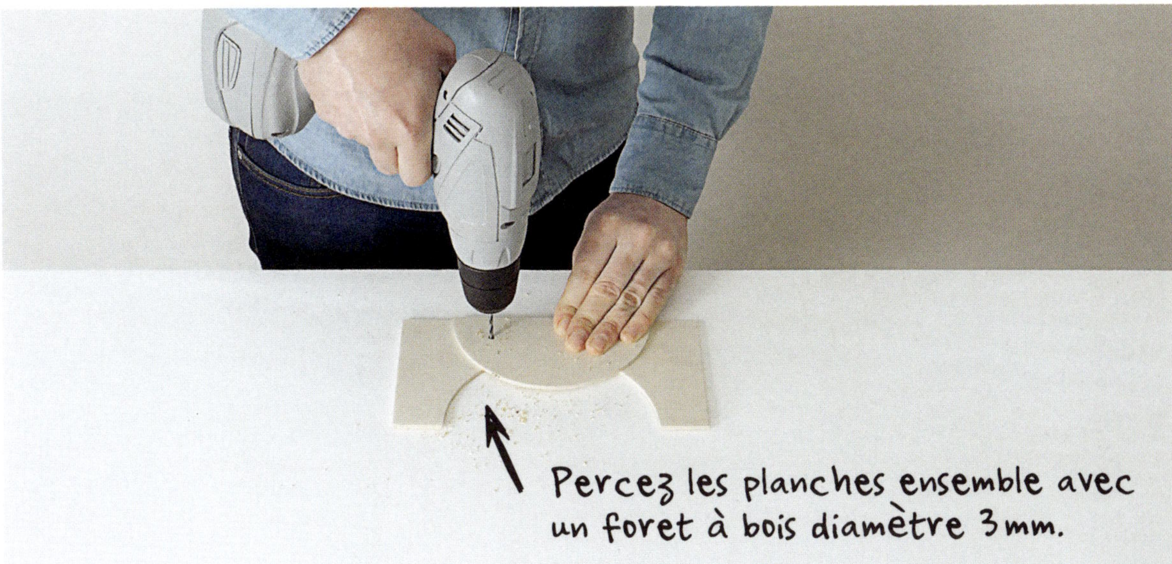

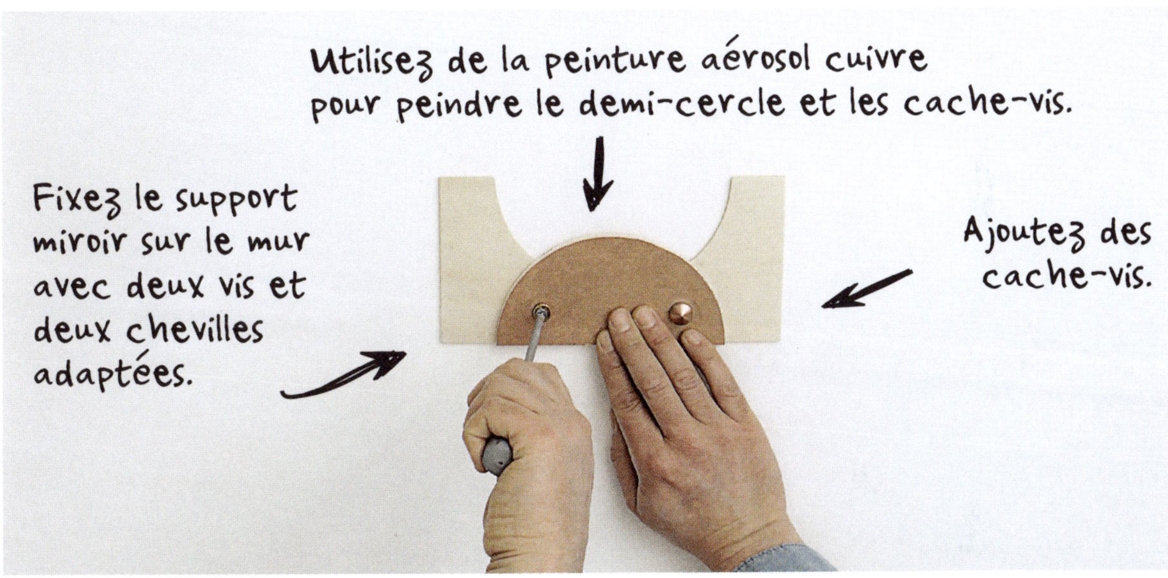

Vous pouvez
aussi fixer
le support miroir
à 45° sur le mur.

TA
SSEAUX
&
TOURI
LLONS

Niveau
Moyen

Outils
- perceuse-visseuse
- scie sauteuse
- coupe-tube
- forets à bois (diamètres 3 et 10 mm)
- butée de perçage (diamètre 10 mm)
- feuille abrasive
- lunettes de protection

PLATEAU

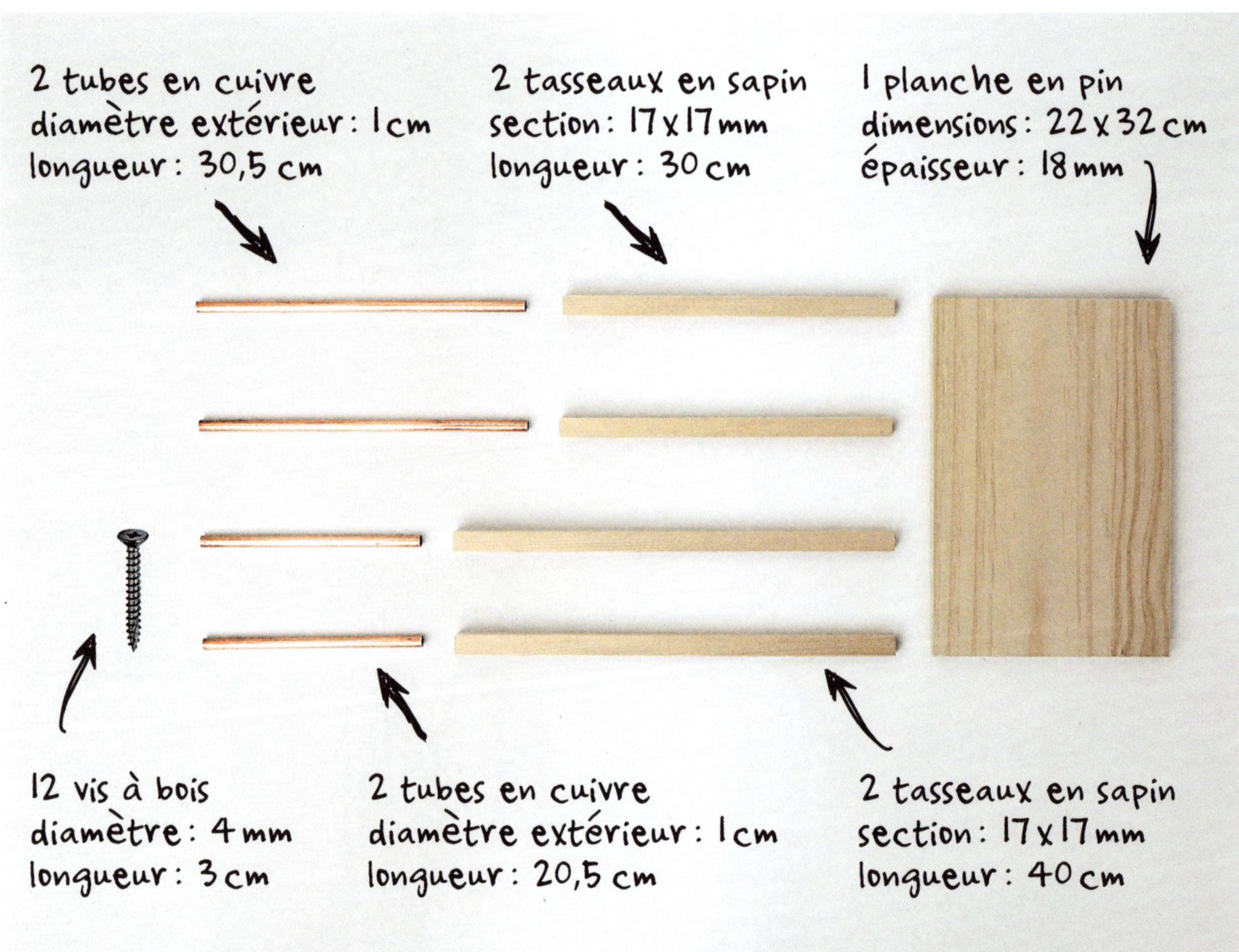

Percez les deux tasseaux de 40 cm avec un foret à bois diamètre 10 mm en utilisant une butée de perçage pour obtenir quatre trous d'une profondeur de 1 cm.

Insérez les deux tubes en cuivre de 20,5 cm dans les tasseaux.

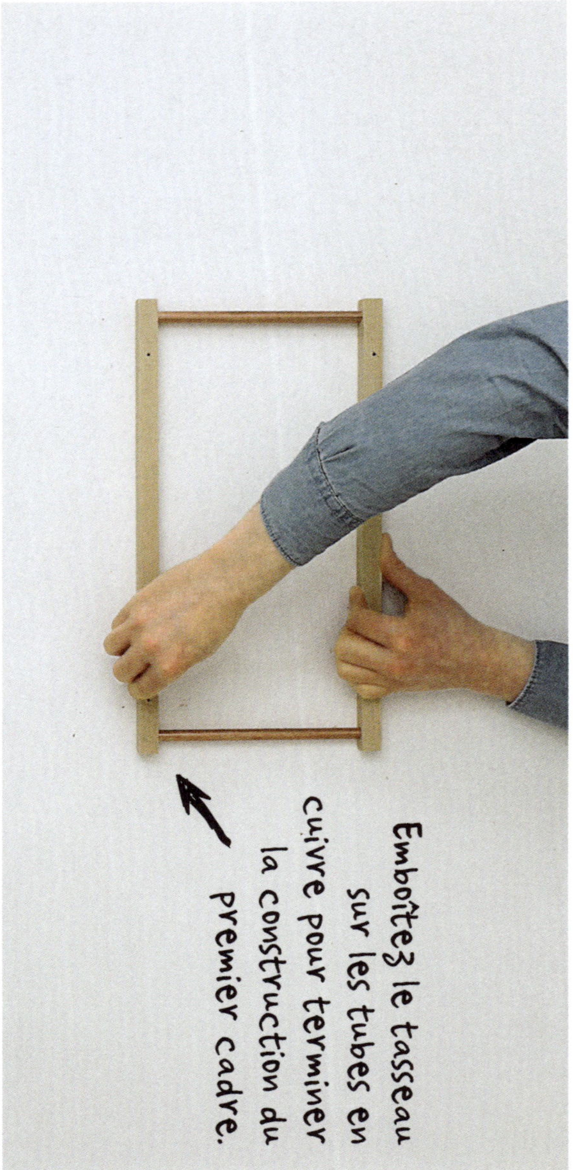
Emboîtez le tasseau sur les tubes en cuivre pour terminer la construction du premier cadre.

Appliquez de l'huile de lin pour protéger le bois.

Niveau
Facile

Outils
- perceuse-visseuse
- scie sauteuse
- forets à bois (diamètres 2 et 7 mm)
- 2 serre-joints
- tournevis d'électricien
- feuille abrasive
- lunettes de protection

LAMPE ÉTAGÈRE

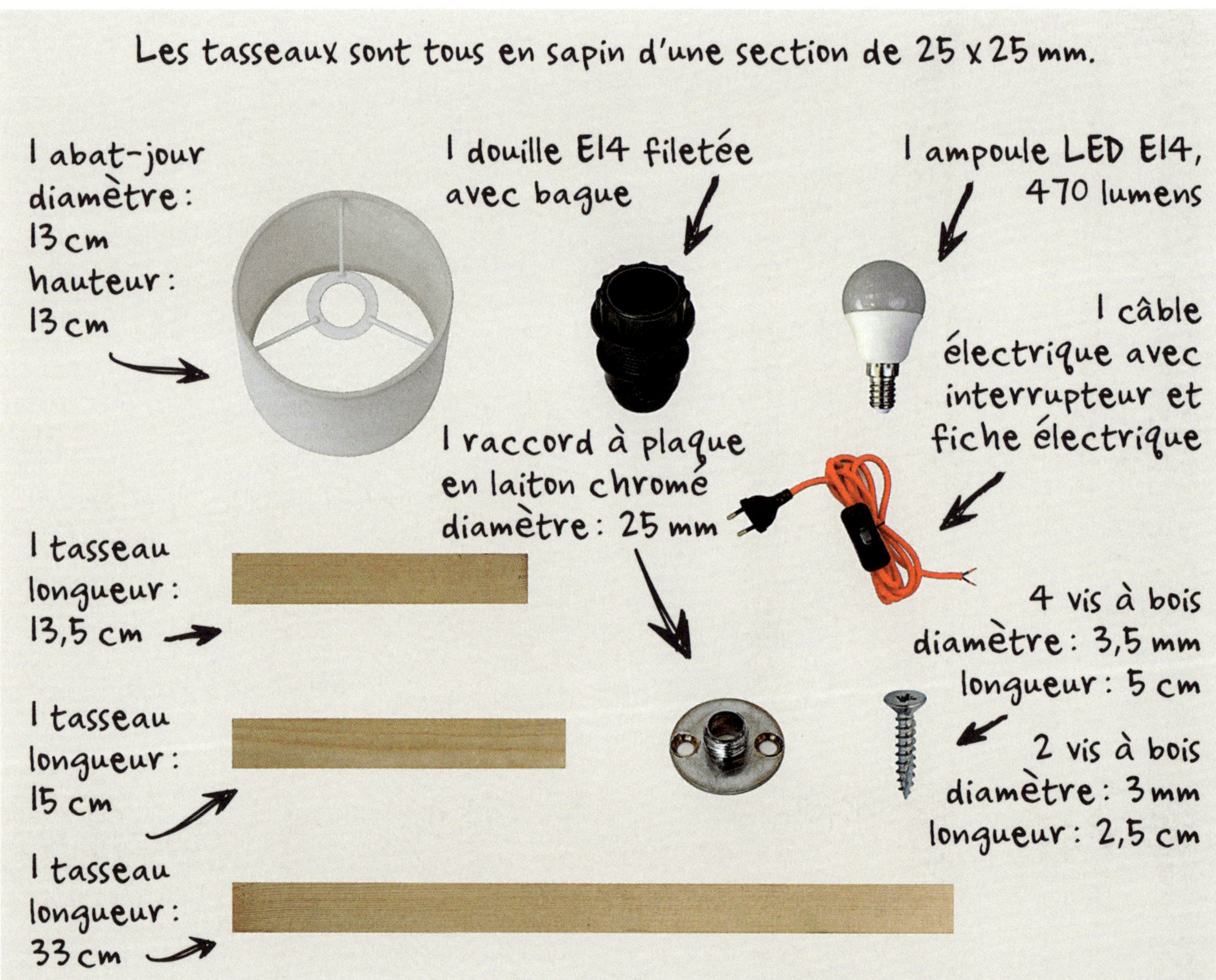

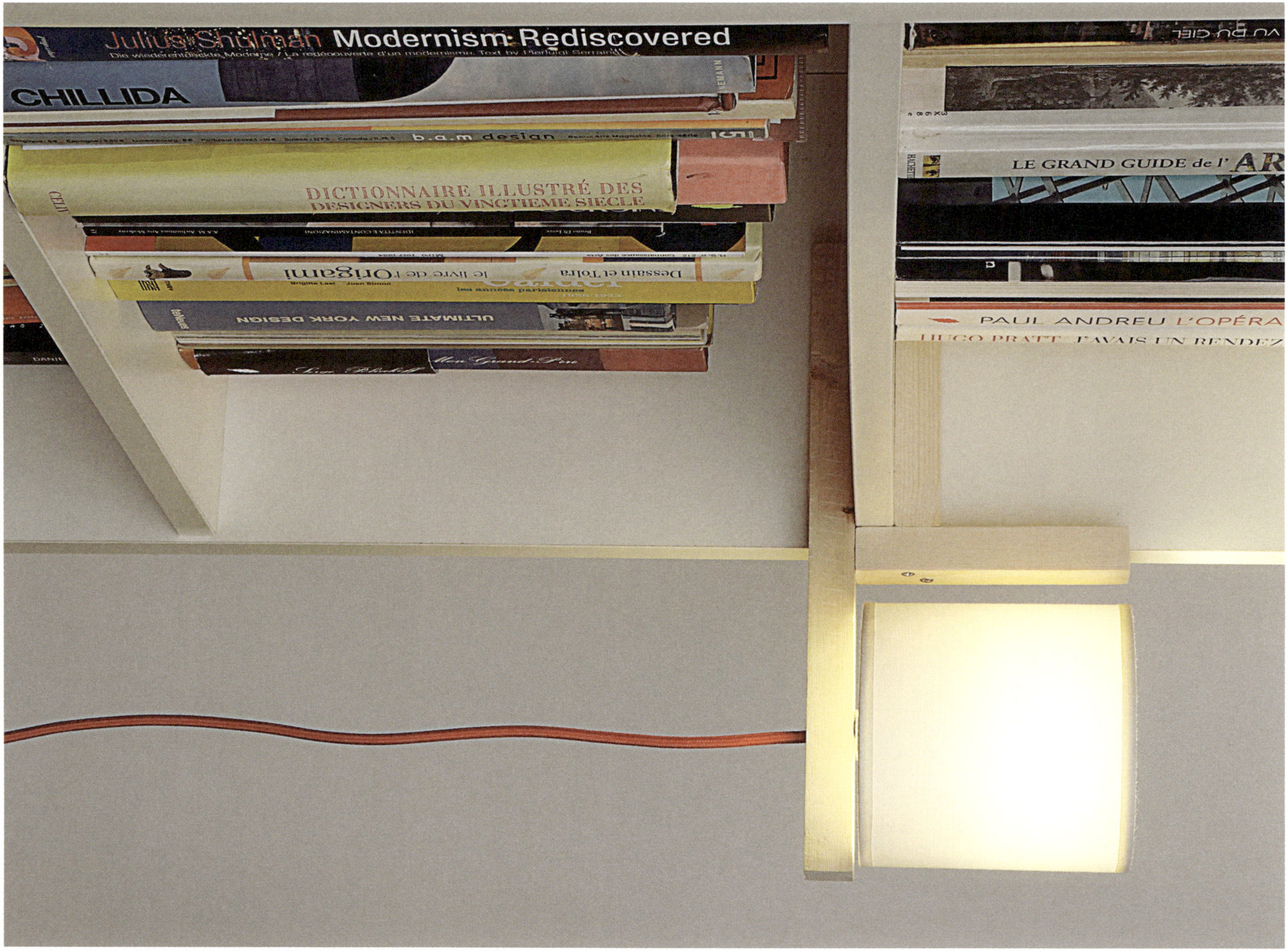
Julius Shulman
Modernism Rediscovered
CHILLIDA
b.a.m design
DICTIONNAIRE ILLUSTRÉ DES
DESIGNERS DU VINGTIÈME SIÈCLE
Dessain et Tolra
le livre de l'Origami
ULTIMATE NEW YORK DESIGN
PAUL ANDREU L'OPÉRA
VU DU CIEL

Découpez les tasseaux
à la scie sauteuse.
Fixez le tasseau
avec les serre-joints.

Vissez les tasseaux
de 13,5 et 33 cm
l'un sur l'autre avec
deux vis diamètre 3,5 mm
et longueur 5 cm.

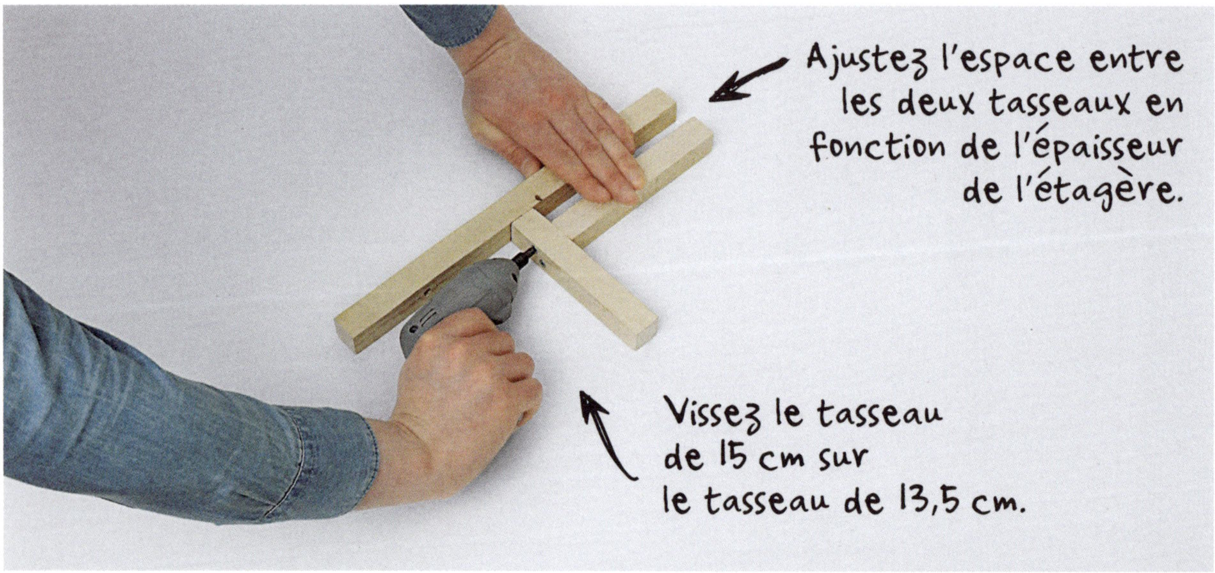
Ajustez l'espace entre
les deux tasseaux en
fonction de l'épaisseur
de l'étagère.
Vissez le tasseau
de 15 cm sur
le tasseau de 13,5 cm.

Avant de réaliser un montage électrique (câble, douille, fiche et interrupteur), vérifiez que votre installation est hors tension.

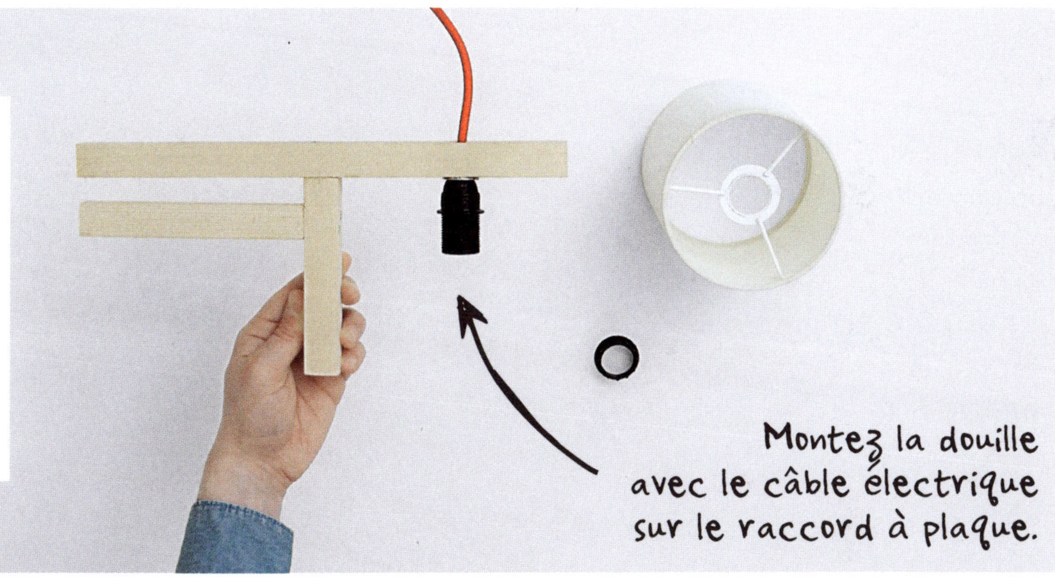

Niveau
Moyen

Outils
- perceuse-visseuse
- scie sauteuse
- coupe-tube
- colle multi-matériaux
- butée de perçage (diamètre 10mm)
- forets à bois (diamètres 3 et 10mm)
- feuille abrasive
- lunettes de protection
- peinture (facultatif)
- pinceau (facultatif)

SUPPORT PLANTE

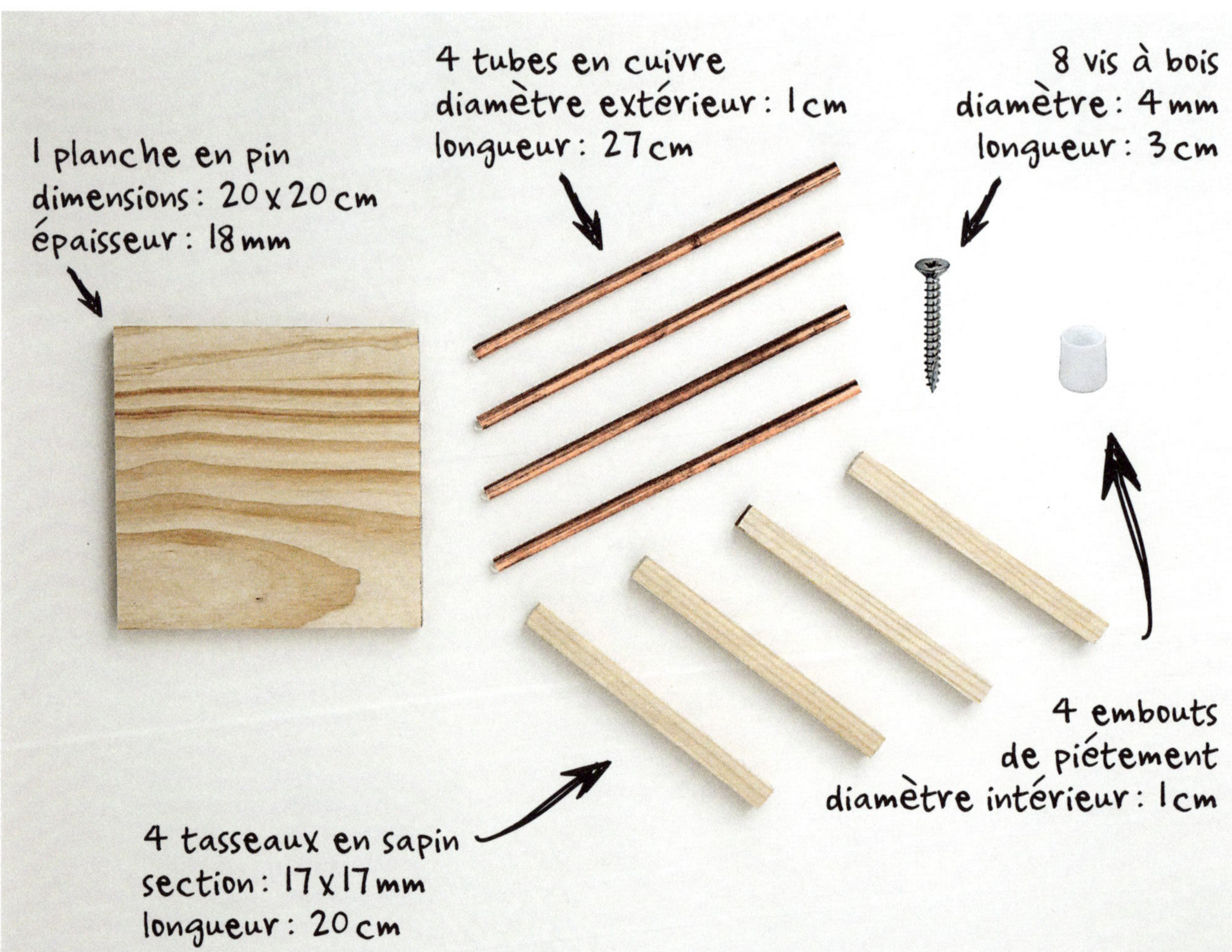

Percez deux tasseaux avec un foret à bois de diamètre 10 mm à 4 cm de chaque extrémité.

Percez la planche avec un foret à bois de diamètre 10 mm à 4 cm de chaque côté, en utilisant une butée de perçage pour obtenir un trou d'une profondeur de 1 cm.

Vissez deux autres tasseaux sur la planche.

Vous pouvez customiser les tasseaux avec de la peinture cuivre.

Niveau
Facile

Outils
- perceuse
- étau
- scie à métaux
- foret à bois (diamètre 3 mm)
- colle multi-matériaux
- feuille abrasive
- lunettes de protection

CADRE PHOTO

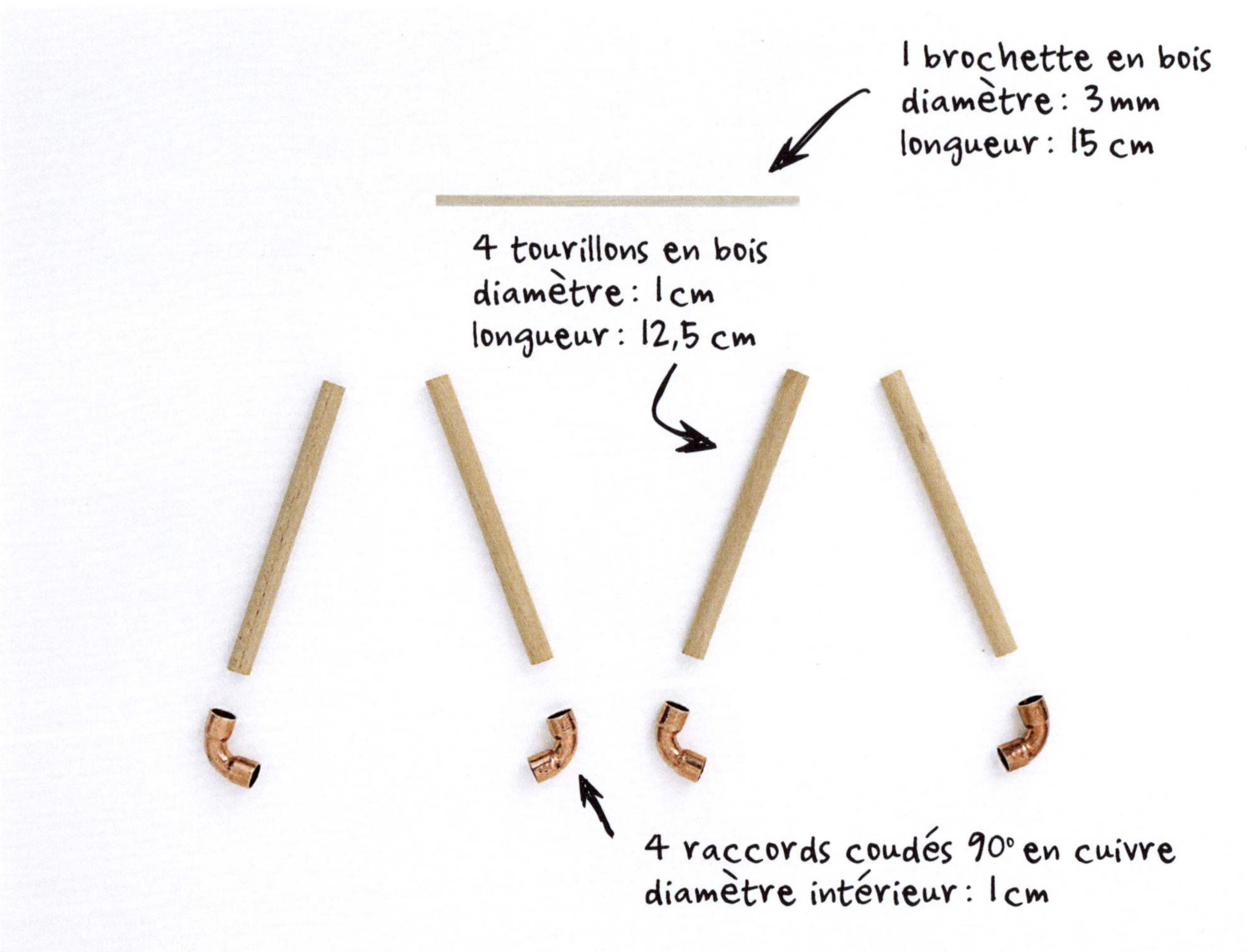

La scie à métaux permet de découper un tourillon en bois sans faire d'éclat dans la matière.

Collez le tourillon sur le deuxième raccord en cuivre.

Collez les autres éléments de la même façon pour terminer l'assemblage du cadre.

Vous pouvez remplacer trois tourillons par des tubes en cuivre diamètre extérieur 1 cm.

Insérez et collez la brochette en bois dans le trou du tourillon pour réaliser le piètement.

FEU TRINE & PAPIER

Niveau
Facile

Outils
- cutter
- règle
- lunettes de protection

VASE BOUTEILLE

Les traits font 12,5 cm
de long.
L'écart entre deux traits
est de 1,5 cm.

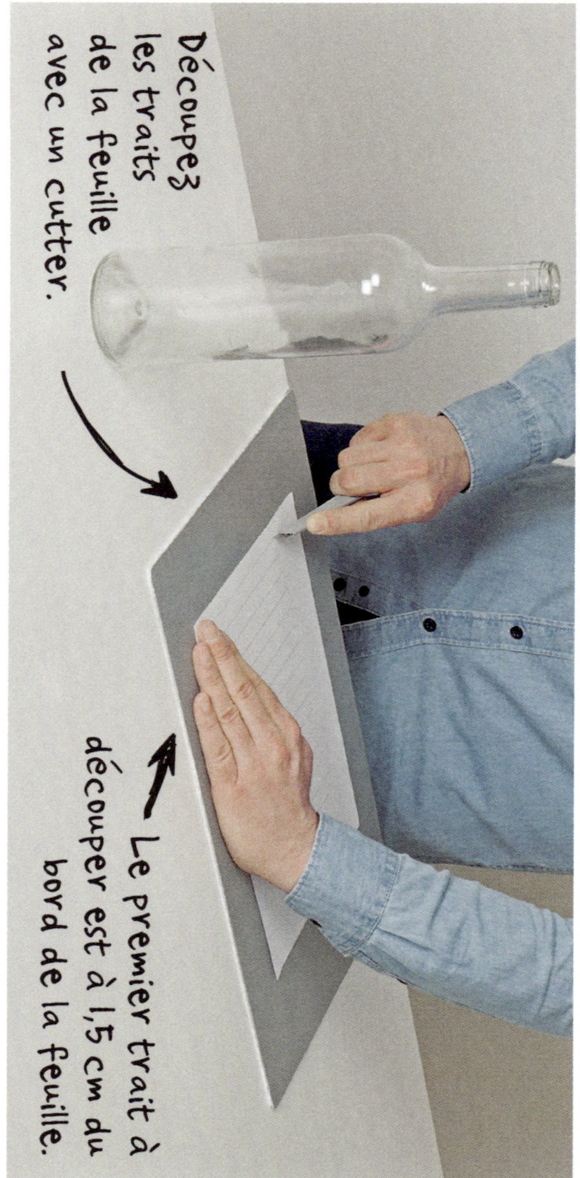
Découpez
les traits
de la feuille
avec un cutter.
Le premier trait à
découper est à 1,5 cm du
bord de la feuille.

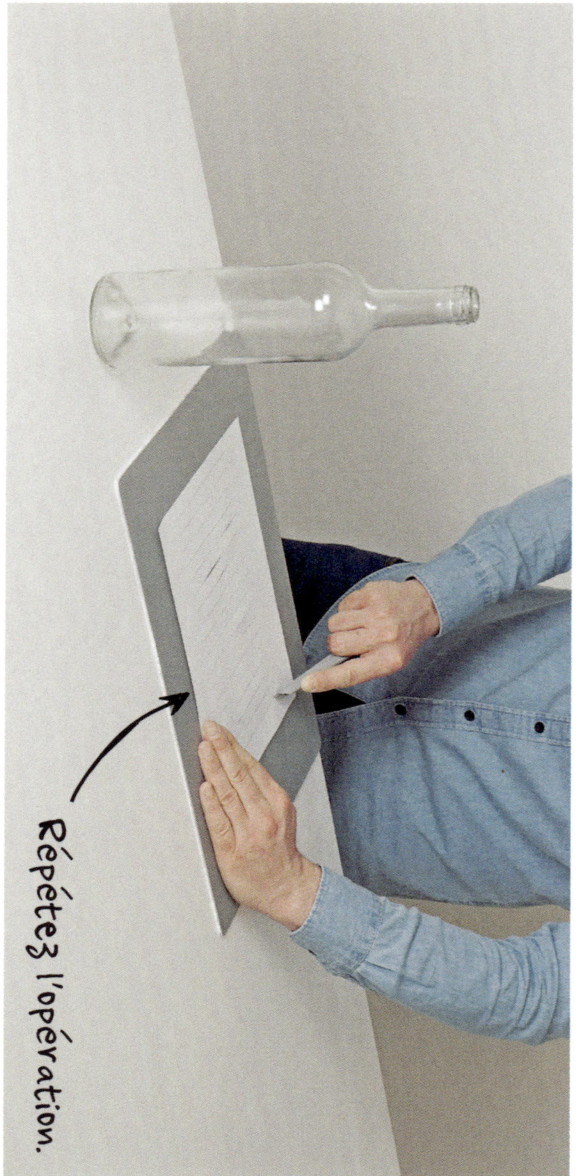
Répétez l'opération.

Modifiez la largeur entre les traits pour obtenir un résultat différent.

Niveau
Facile

Outils
- cutter
- ciseaux
- pointe carrée
- lunettes de protection

MIROIR

Les bandes de feutre ont toutes une épaisseur de 4 mm.

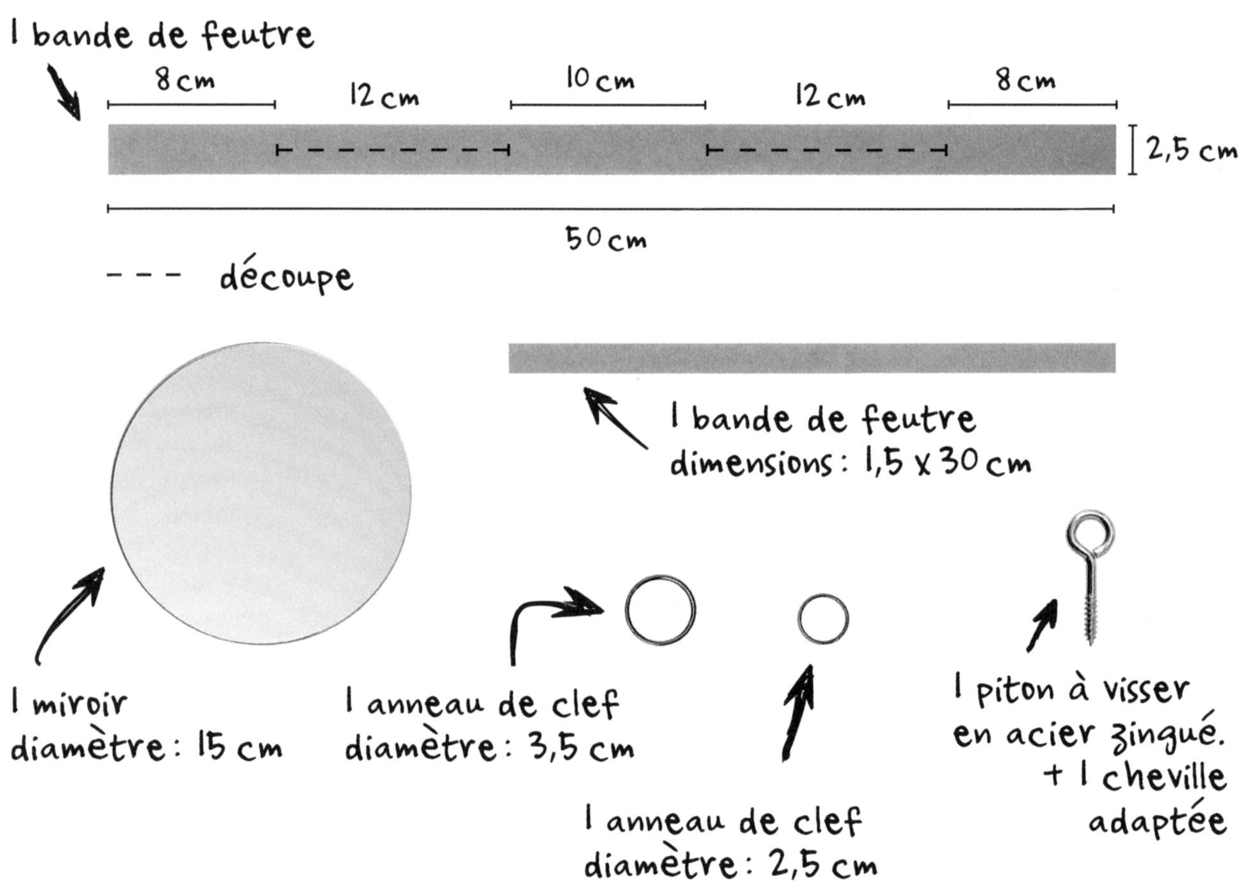

Découpez deux fentes.

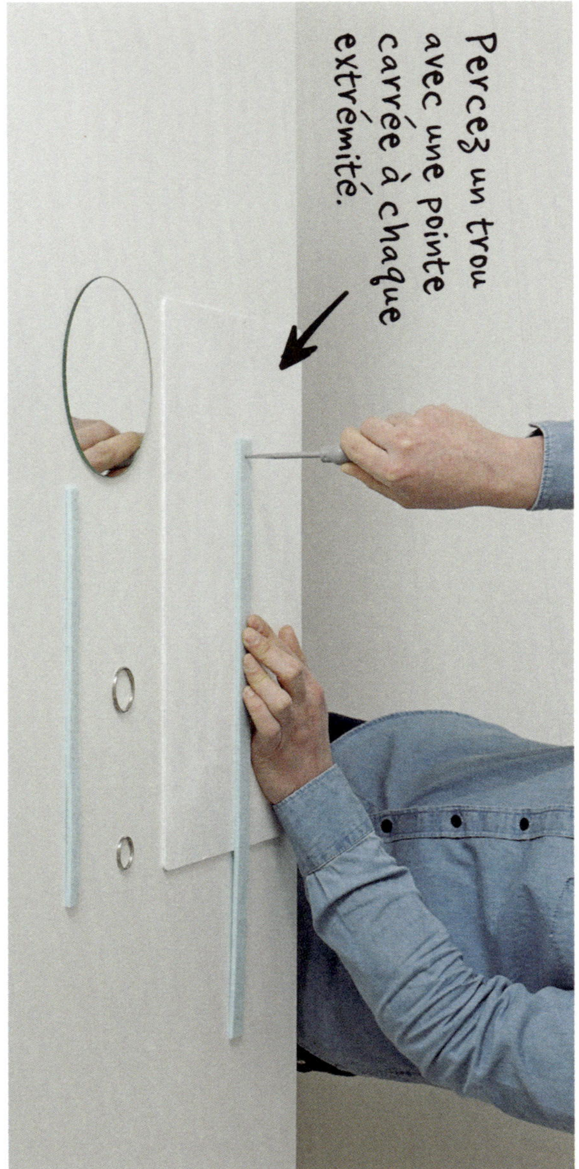
Percez un trou avec une pointe carrée à chaque extrémité.

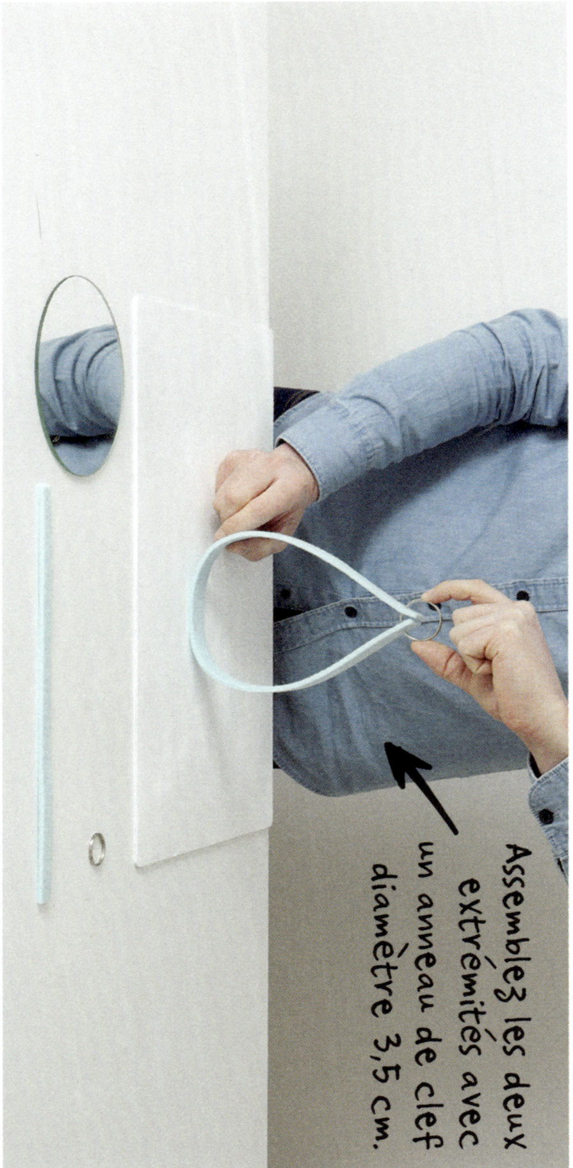
Assemblez les deux extrémités avec un anneau de clef diamètre 3,5 cm.

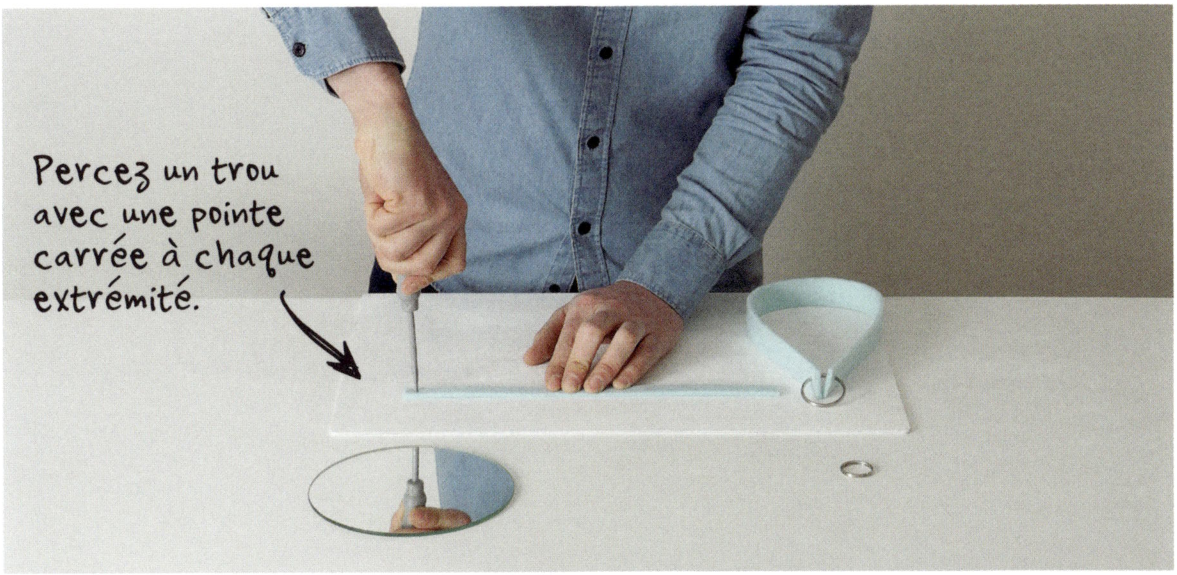

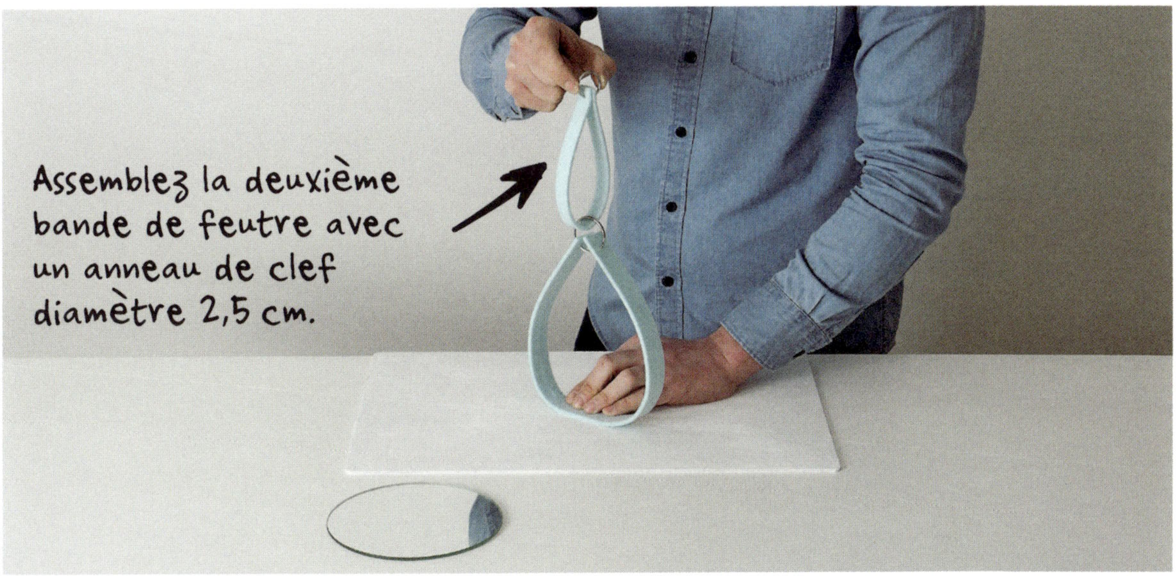

Vous pouvez utiliser une couleur de feutre différente pour chaque bande.

Niveau
Facile

Outils
- scie sauteuse
- 2 serre-joints
- feuille abrasive
- lunettes de protection

TABLE BASSE

Fixez la planche avec les serre-joints.

Découpez à la scie sauteuse le plateau dans une planche.

Repliez trois pages ensemble vers l'intérieur du magazine.

Vous pouvez remplacer le plateau par un disque vinyle 33 tours.

Répétez l'opération.

Terminez la construction du premier module.

Collez du ruban adhésif double face sur un module.

Assemblez les modules l'un sur l'autre.
Assemblez les modules sur le plateau avec du ruban adhésif double face.

Niveau
Facile

Outils
- ciseaux
- règle

VASE

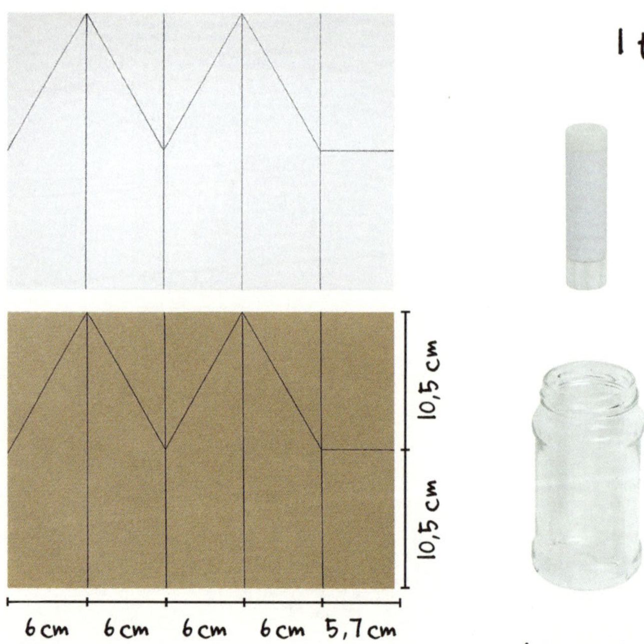

Adaptez les dimensions
en fonction du bocal.
Tracez les repères
sur la feuille.

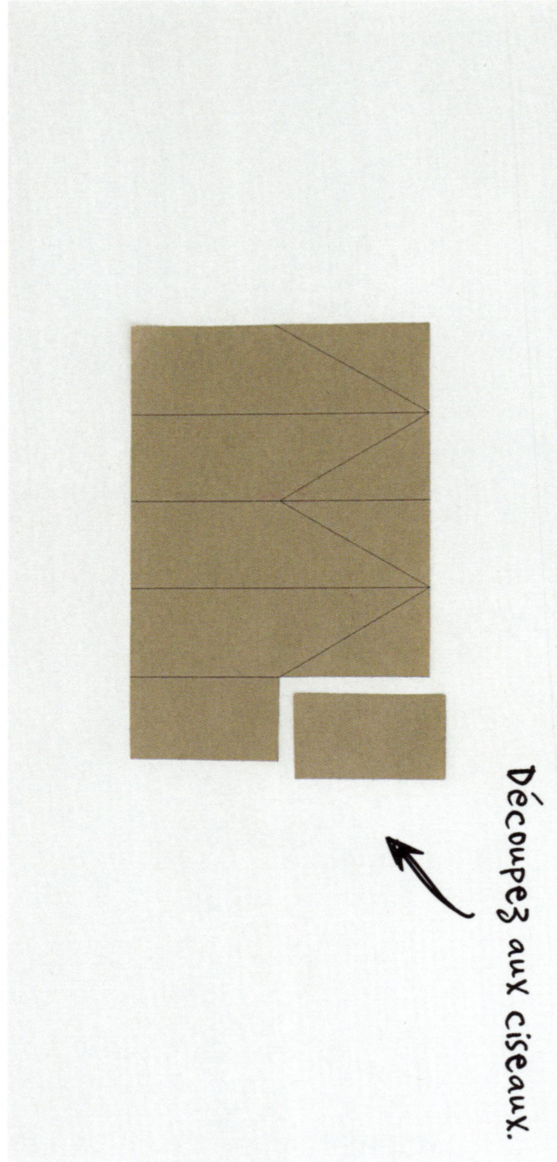
Découpez aux ciseaux.

Pliez la partie indiquée.

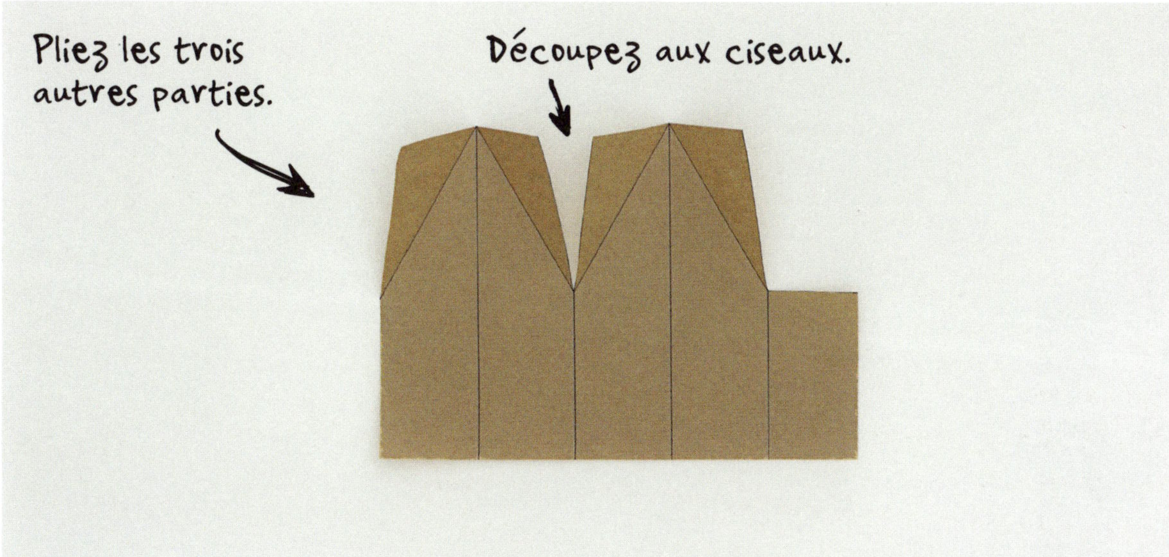

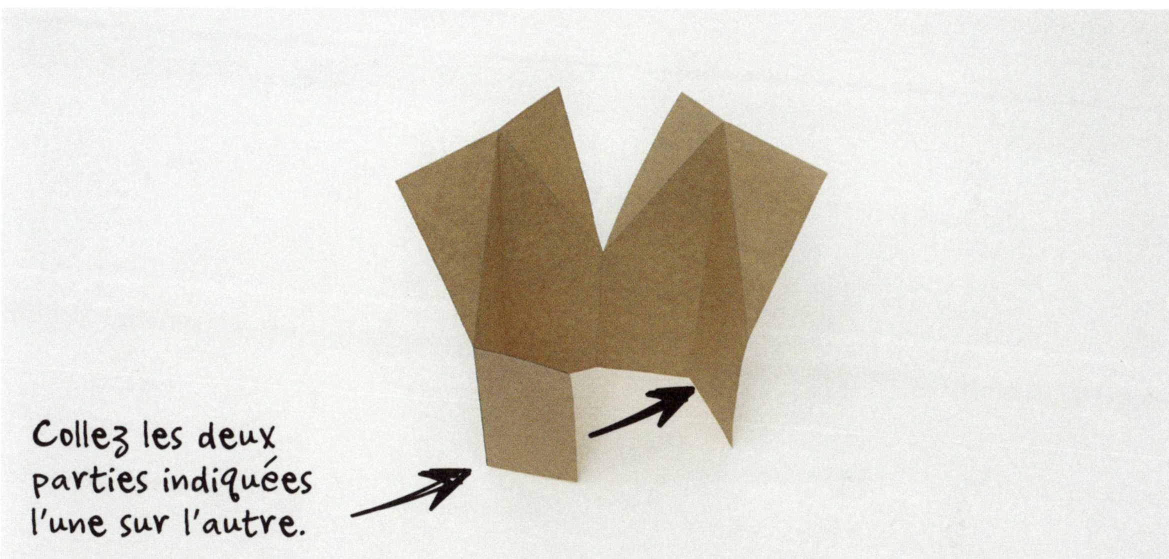

Vous pouvez aussi emboîter trois modules pour créer des formes différentes.

COR DE
& CUIR

Niveau
Facile

Outils
- perceuse
- scie sauteuse
- forets à bois (diamètres 2 et 8 mm)
- lunettes de protection

HORLOGE

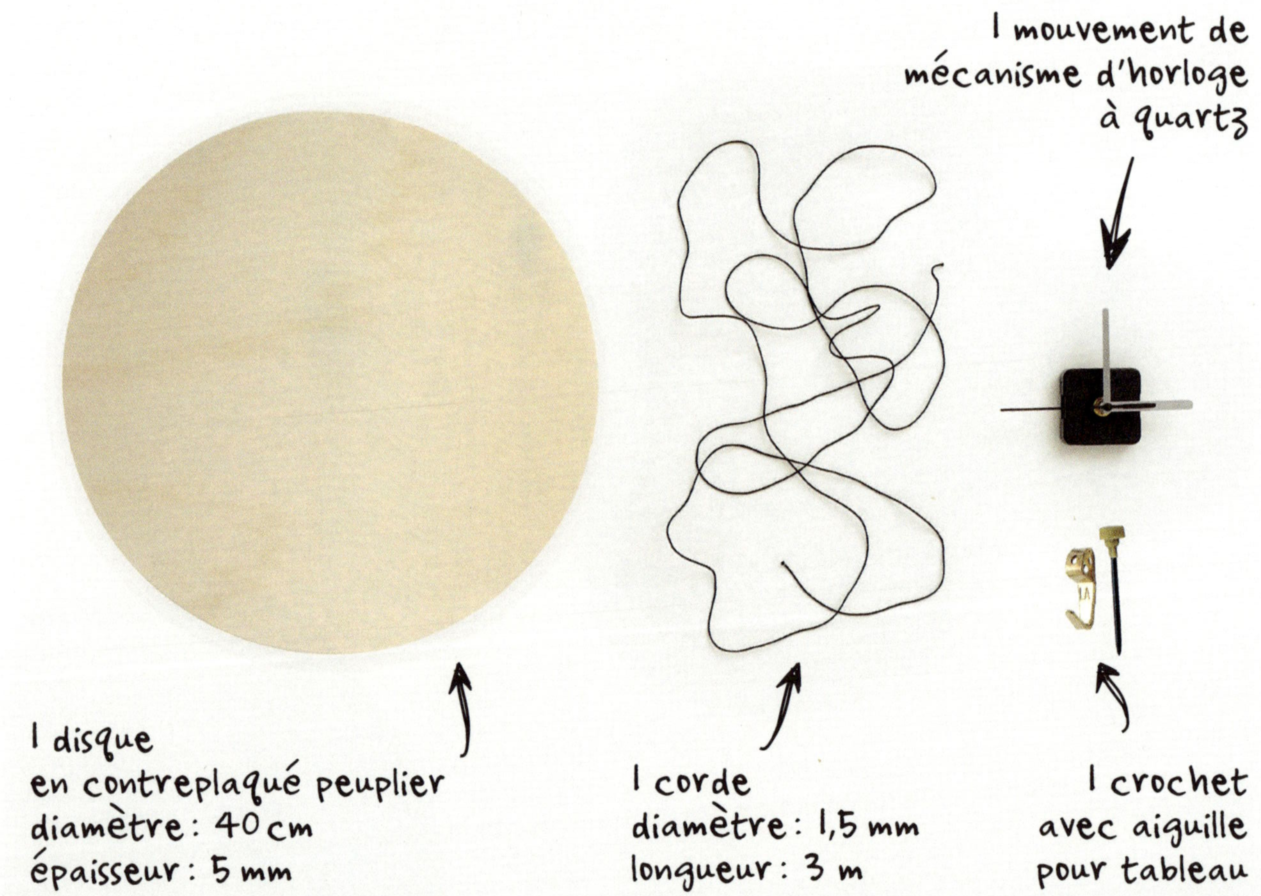

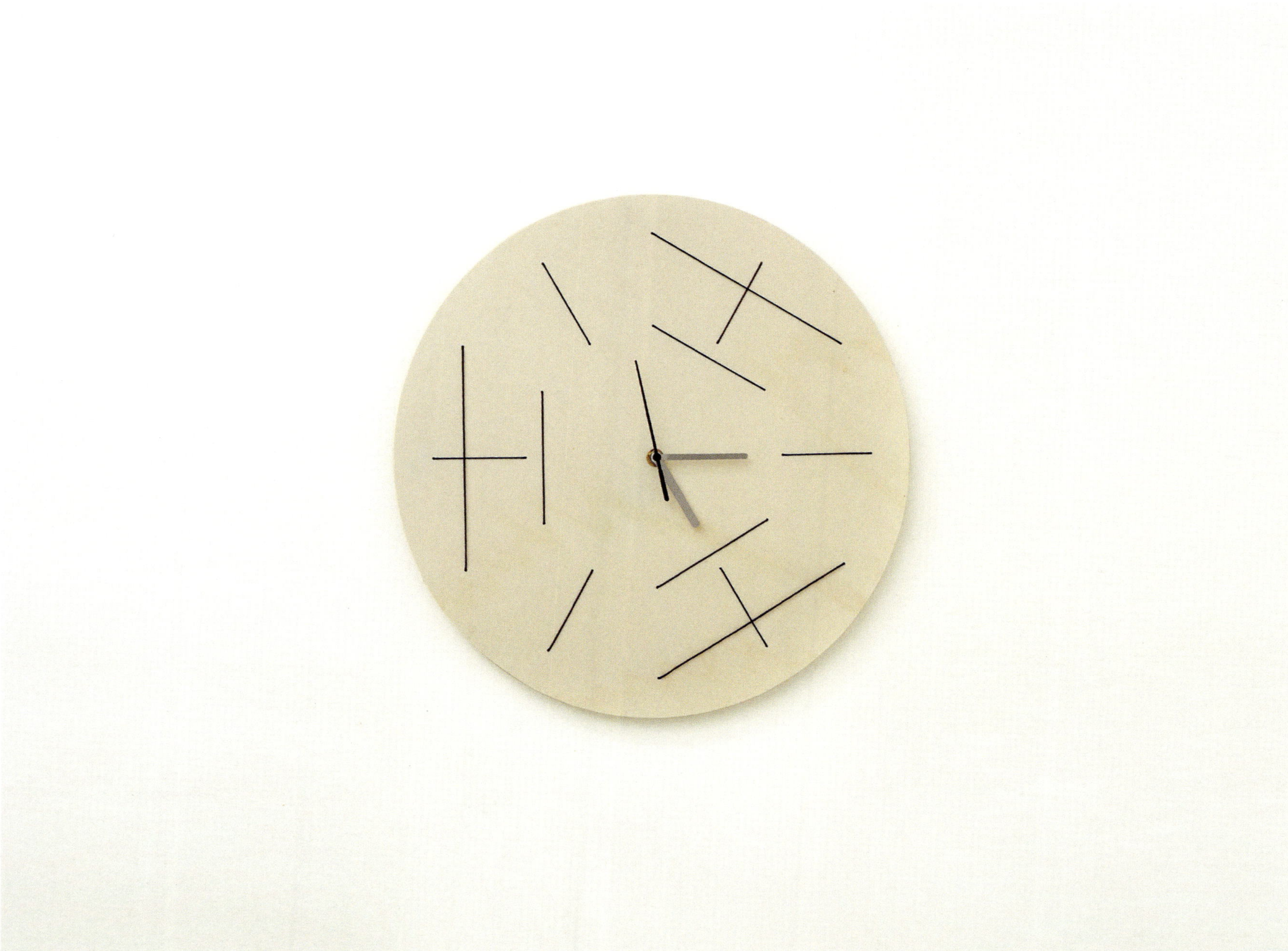

Découpez à la scie sauteuse le disque dans une planche avec une lame à denture resserrée.
Percez vingt quatre trous dans le disque avec un foret à bois diamètre 2mm.

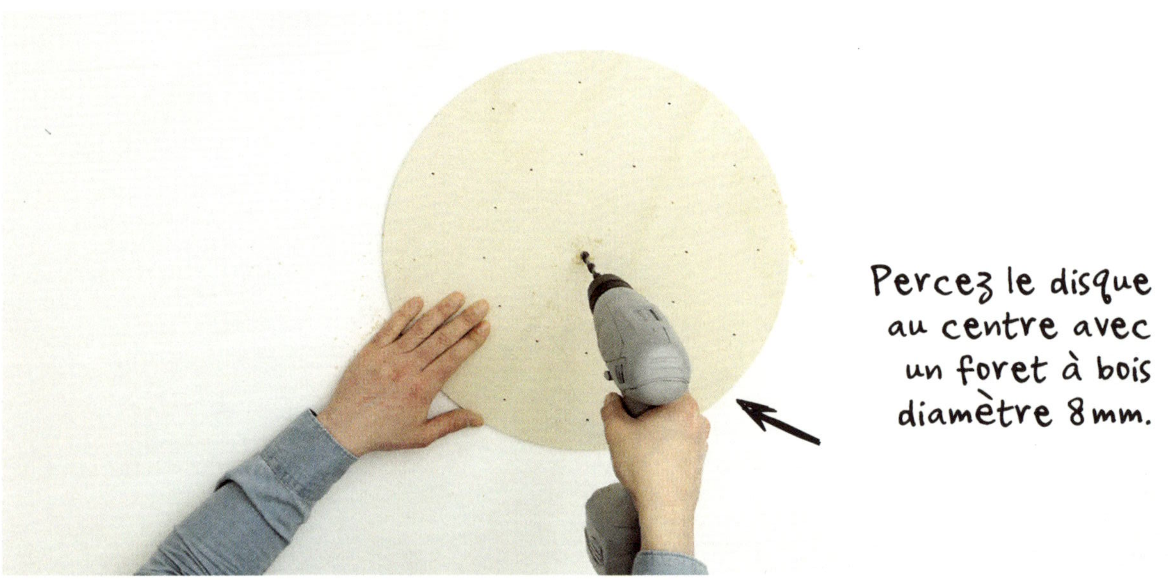
Percez le disque au centre avec un foret à bois diamètre 8mm.

Insérez la corde dans les trous du disque.
Effectuez un noeud de huit à l'extrémité de la corde.

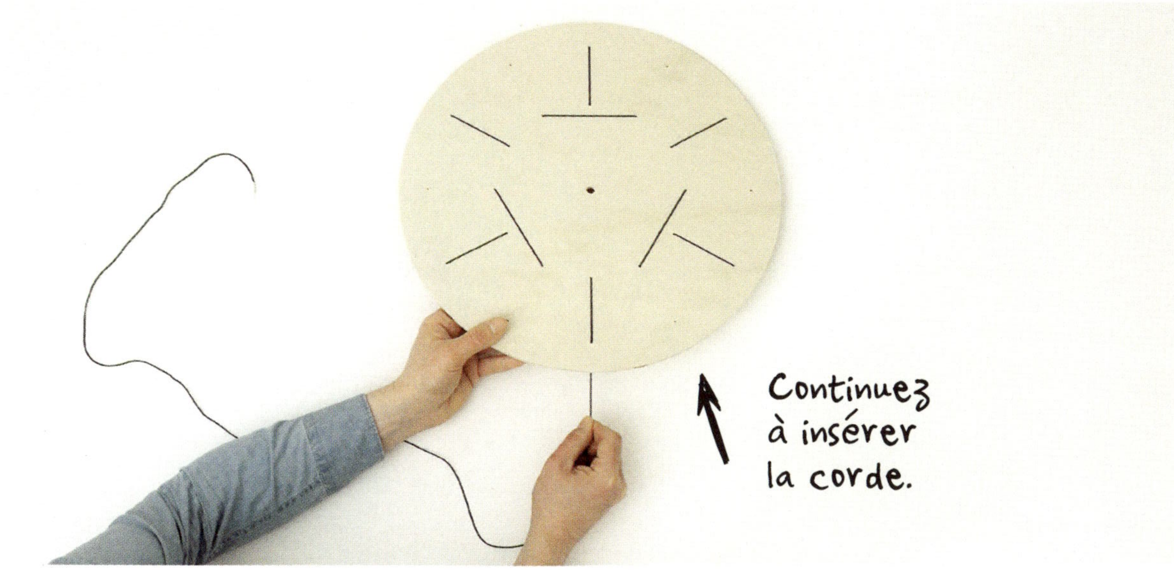

Vous pouvez modifier le graphisme de l'horloge en changeant l'emplacement des cordes.

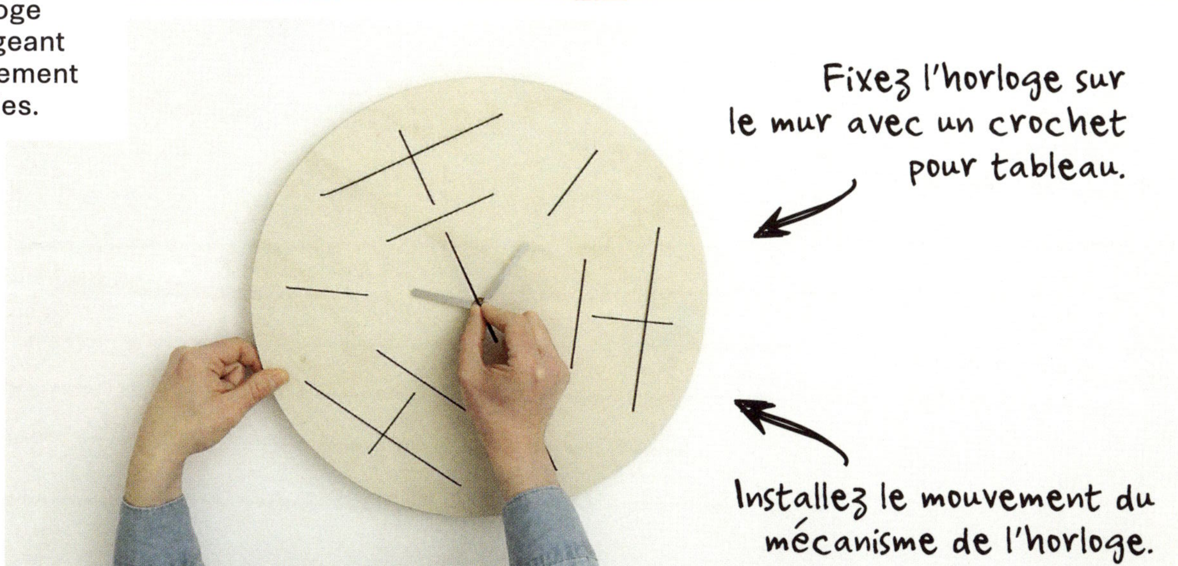

Niveau
Facile

Outils
- perceuse
- scie sauteuse
- foret à bois (diamètre 6 mm)
- niveau à bulle
- feuille abrasive
- lunettes de protection
- pinceau (facultatif)
- peinture (facultatif)

ÉTAGÈRE

Les cordes sont toutes en polyester de diamètre 5 mm.

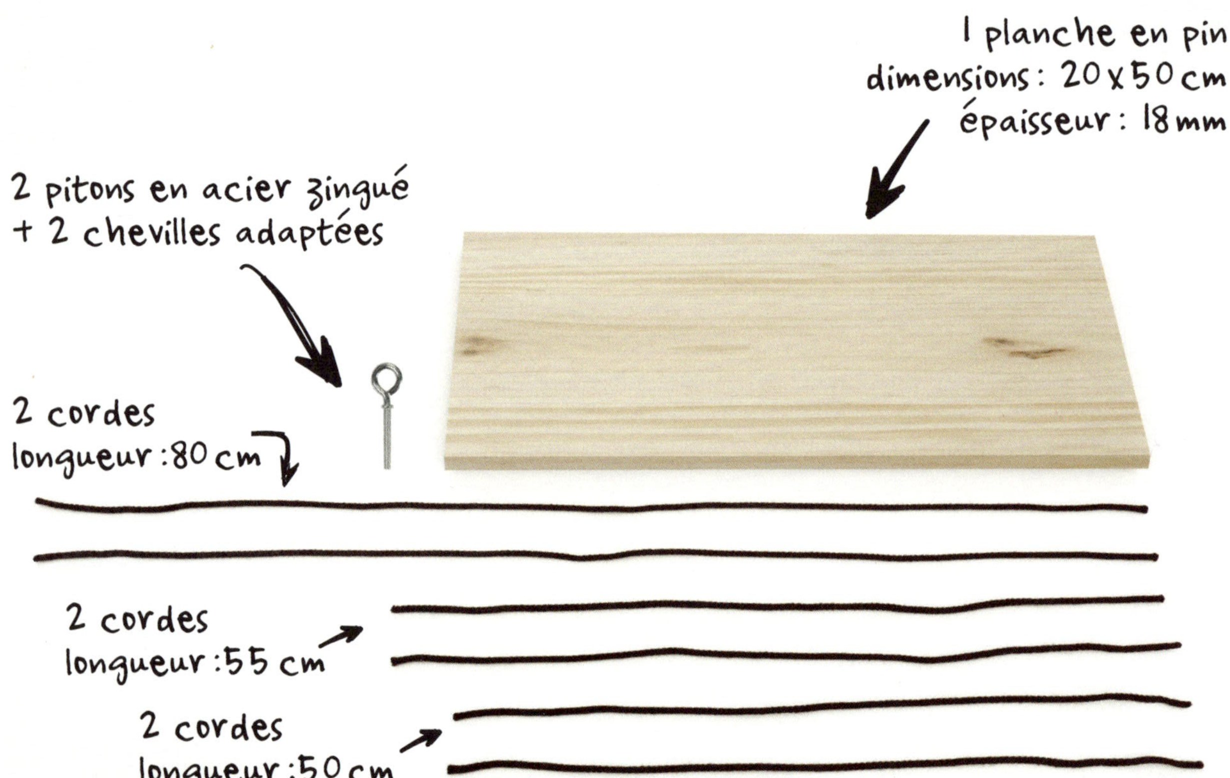

Percez trois trous alignés de chaque côté de la planche avec un foret à bois diamètre 6 mm.

Insérez la corde de 55 cm dans le trou de la planche. Réalisez un nœud de huit à l'extrémité de la corde.

Vous pouvez utiliser des cordes de différentes couleurs pour modifier le style de l'étagère.

Réalisez la même opération avec la deuxième corde de 55 cm.

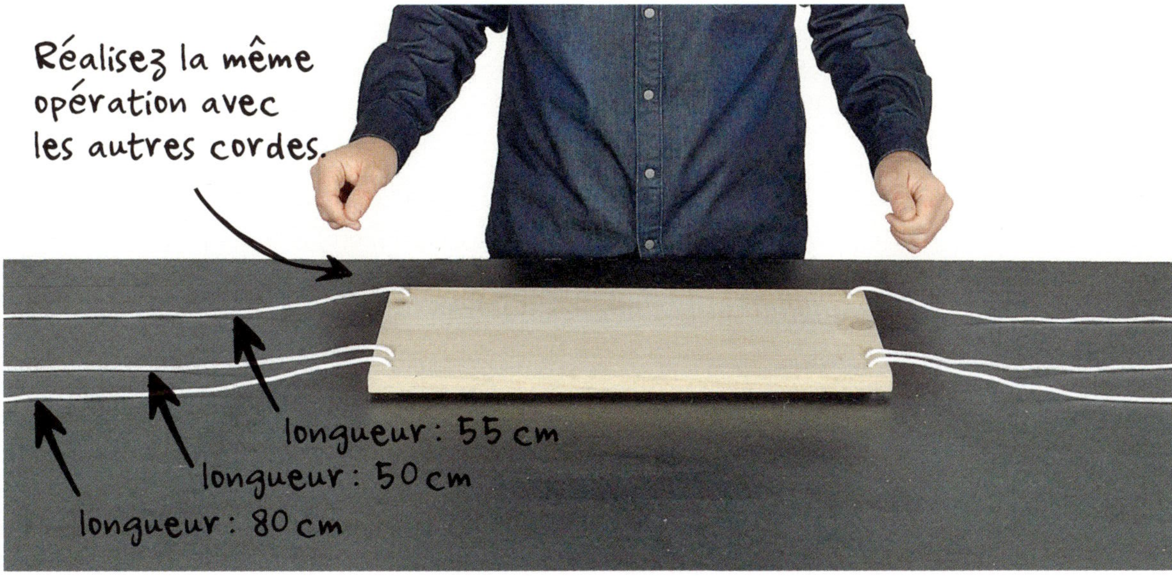

Ajustez l'étagère avec un niveau à bulle en déplaçant les nœuds en dessous de la planche.

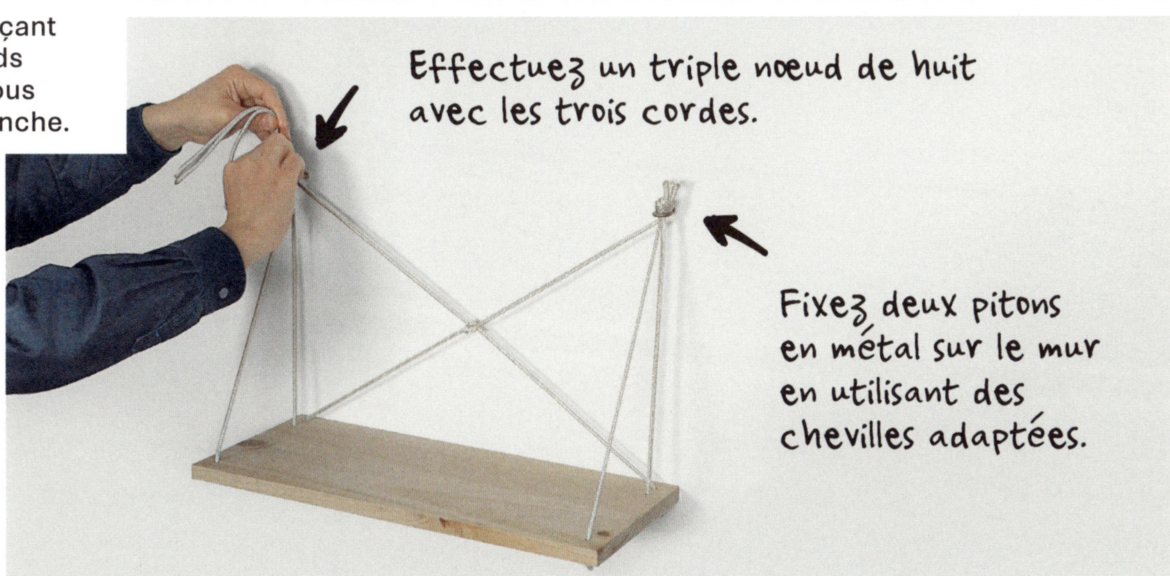

Niveau
Moyen

Outils
- perceuse-visseuse
- scie sauteuse
- 2 serre-joints
- ciseaux
- foret à bois (diamètre 5 mm)
- feuille abrasive
- lunettes de protection

PLATEAU

Fixez la planche avec les serre-joints.
Découpez à la scie sauteuse six encoches parallèles d'une largeur de 2 mm de chaque côté dans la planche.

Insérez la lanière en cuir dans les encoches de la planche.

Renouvelez l'opération.

Appliquez de l'huile de lin pour protéger le bois.

Niveau
Avancé

Outils
- perceuse-visseuse
- scie sauteuse
- 2 serre-joints
- scie cloche (diamètre 29 mm)
- forets à bois (diamètres 2 et 6 mm)
- tournevis d'électricien
- feuille abrasive
- lunettes de protection

LAMPE BALADEUSE

Les planches sont toutes en contreplaqué d'épaisseur 8 mm.

1 ampoule LED E14, 470 lumens

1 douille E14 filetée avec bague

1 serre-câble

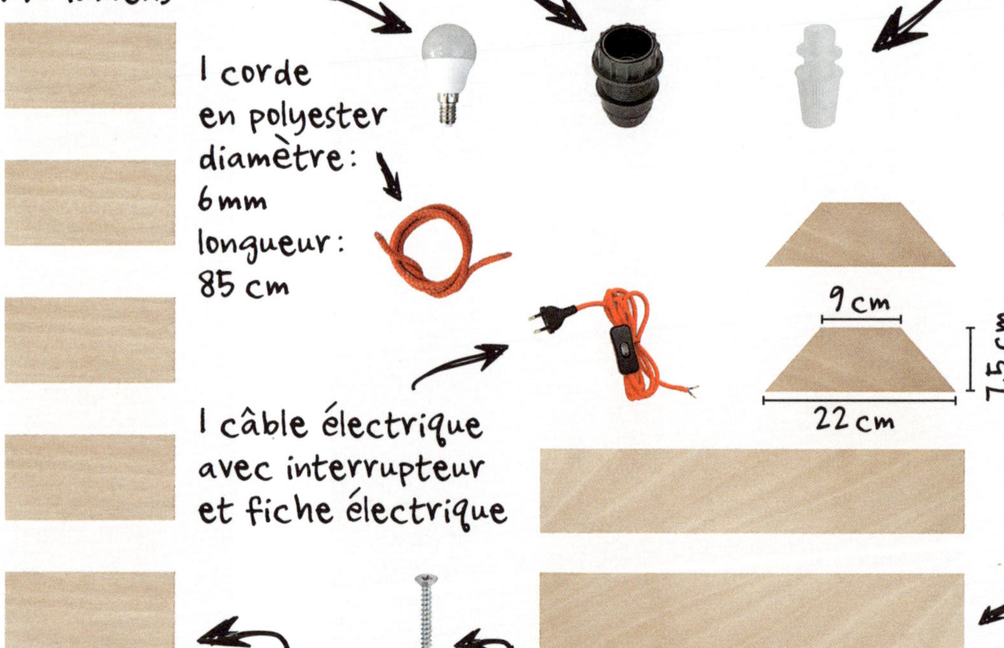

1 corde en polyester diamètre : 6 mm longueur : 85 cm

1 câble électrique avec interrupteur et fiche électrique

2 planches dimensions : 10 x 50 cm

5 planches dimensions : 10 x 20 cm

20 vis à bois diamètre : 3 mm longueur : 2,5 cm

4 vis à bois diamètre : 3 mm longueur : 1,5 cm

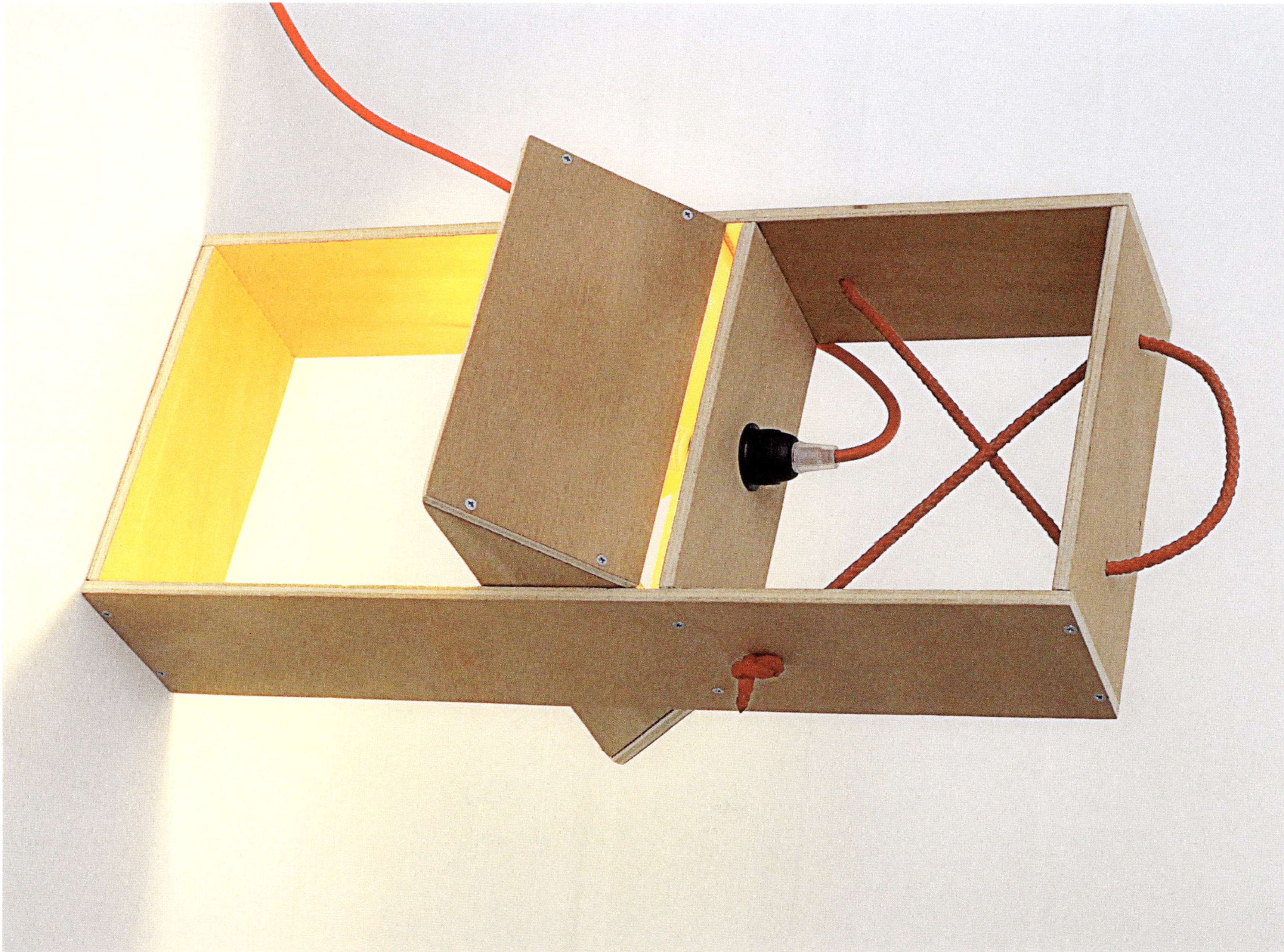

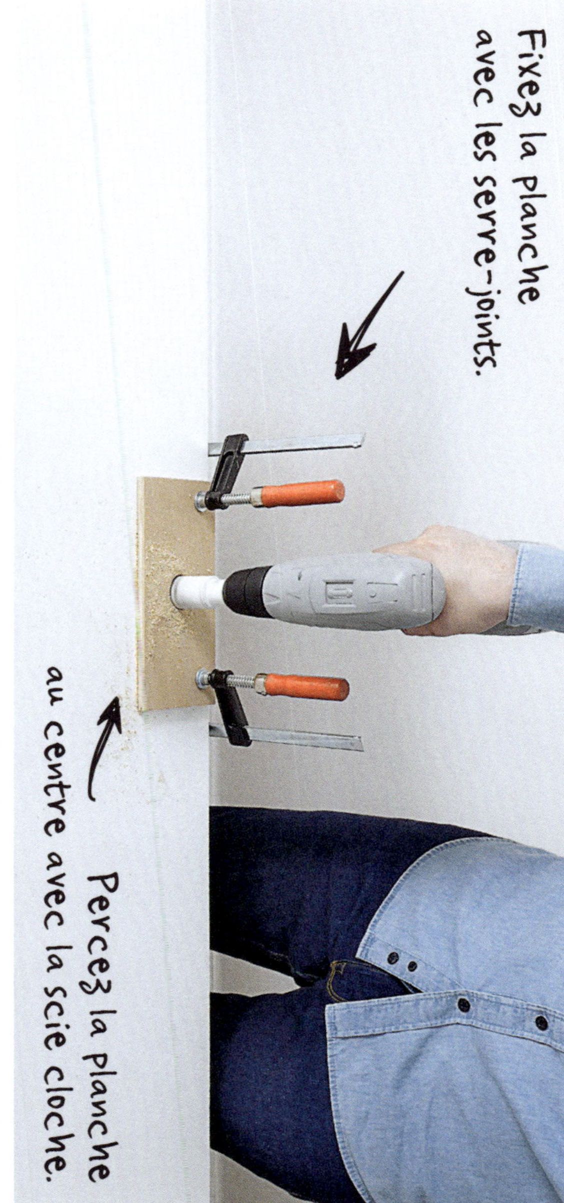
Fixez la planche
avec les serre-joints.
Percez la planche
au centre avec la scie cloche.

Vissez les planches
l'une sur l'autre
avec deux vis
diamètre 3 mm
et longueur 2,5 cm.

Répétez l'opération
pour construire
le cadre.
Vissez la planche
sur la structure
de la même façon.

Avant de réaliser un montage électrique (câble, douille, fiche et interrupteur), vérifiez que votre installation est hors tension.

BONUS

Niveau
Moyen

Outils
- perceuse-visseuse
- scie sauteuse
- scie cloche (diamètre 29 mm)
- foret à bois (diamètre 2 mm)
- tournevis d'électricien
- feuille abrasive
- lunettes de protection

LAMPE

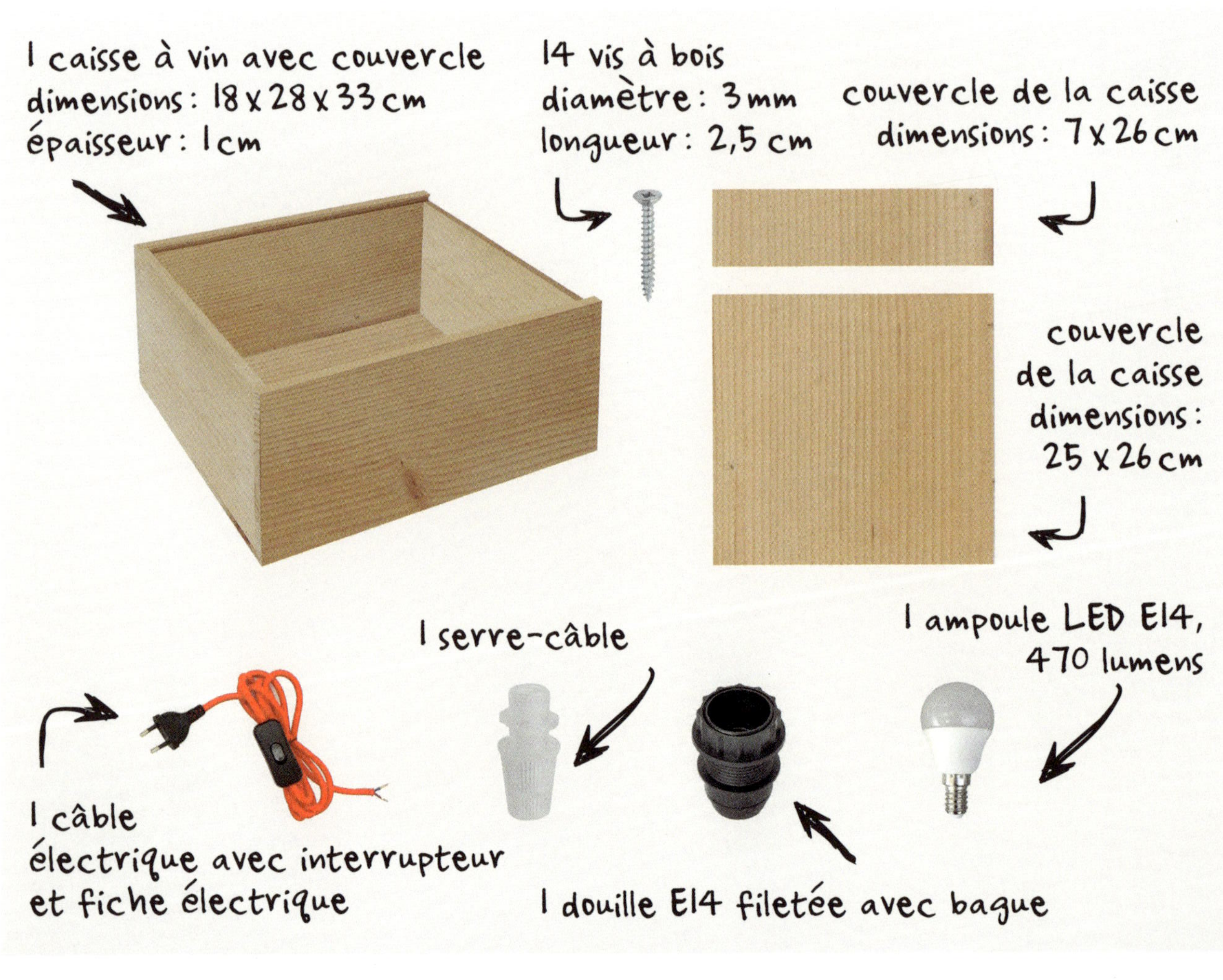

Vissez la planche sur les trois côtés de la caisse.

Percez la boîte avec la scie cloche.

Découpez à la scie sauteuse la caisse et son couvercle.
Découpez à la scie sauteuse les languettes du couvercle.

Avant de réaliser un montage électrique (câble, douille, fiche et interrupteur), vérifiez que votre installation est hors tension.

Niveau
Facile

Outils
- cutter
- ciseaux
- pointe carrée
- feuille abrasive

PATÈRE

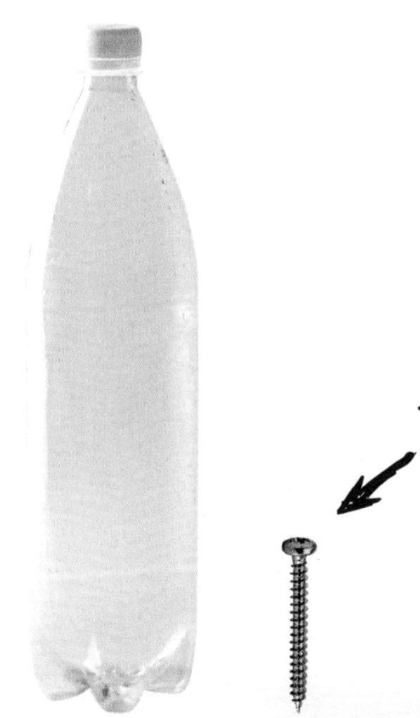

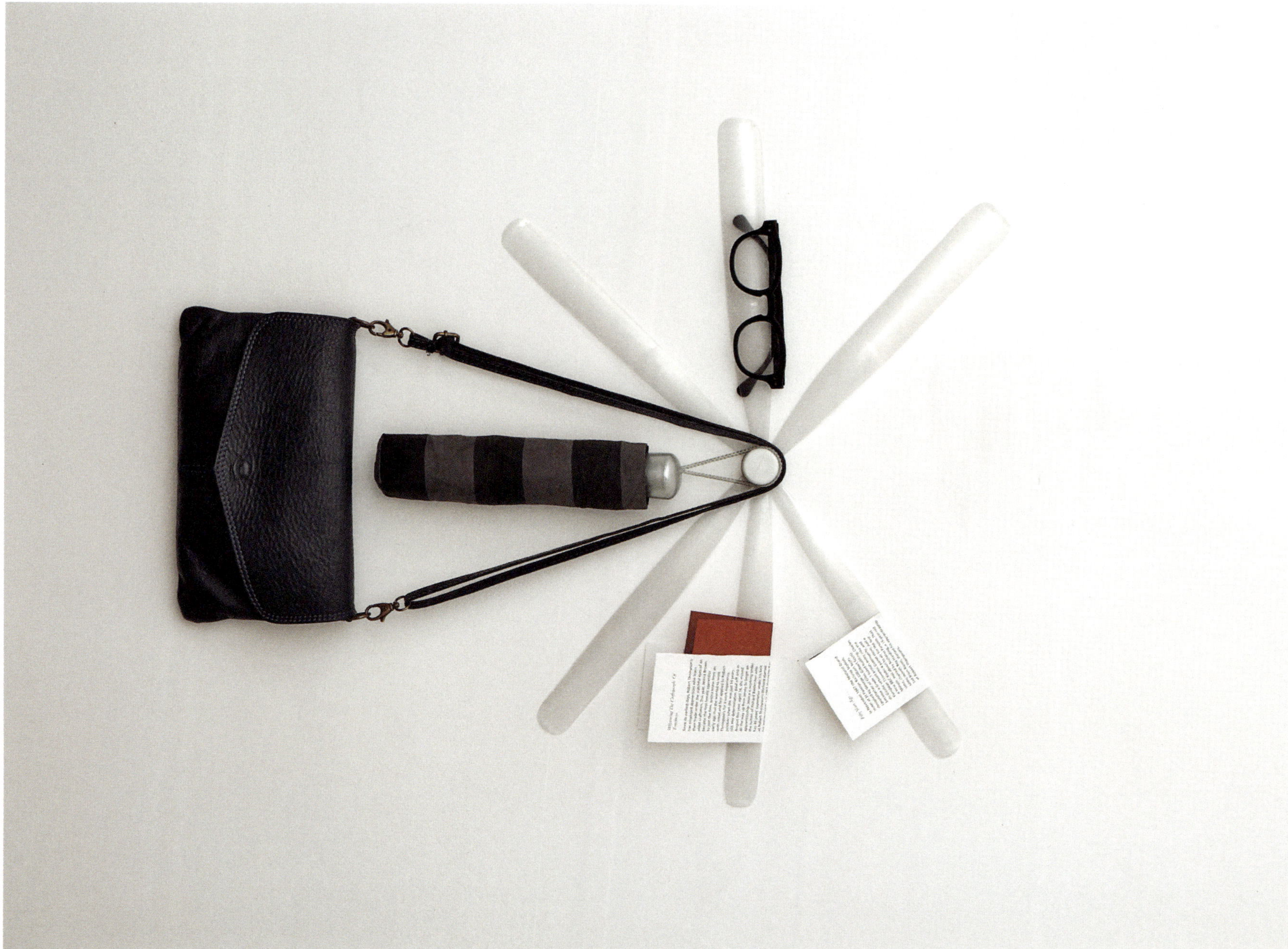

Découpez avec un cutter
le culot de la bouteille.

Découpez avec des ciseaux
huit bandes dans la bouteille.

Pliez les deux premières
bandes au niveau du goulot.

Vous pouvez poncer la surface des bandes de la bouteille en plastique avec une feuille abrasive pour obtenir un aspect calque.

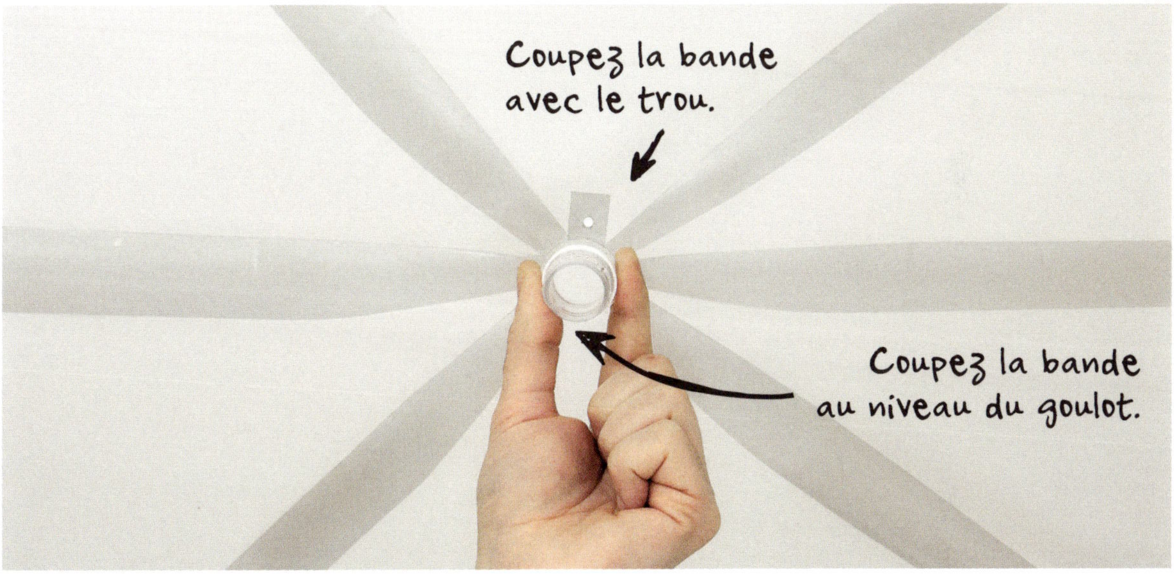

Customisez la patère en utilisant des bouchons de différentes couleurs.

Niveau
Facile

Outils
- scie sauteuse
- pistolet à colle filaire
- feuille abrasive
- lunettes de protection
- pinceau (facultatif)
- peinture (facultatif)

ORGANISEUR DE BUREAU

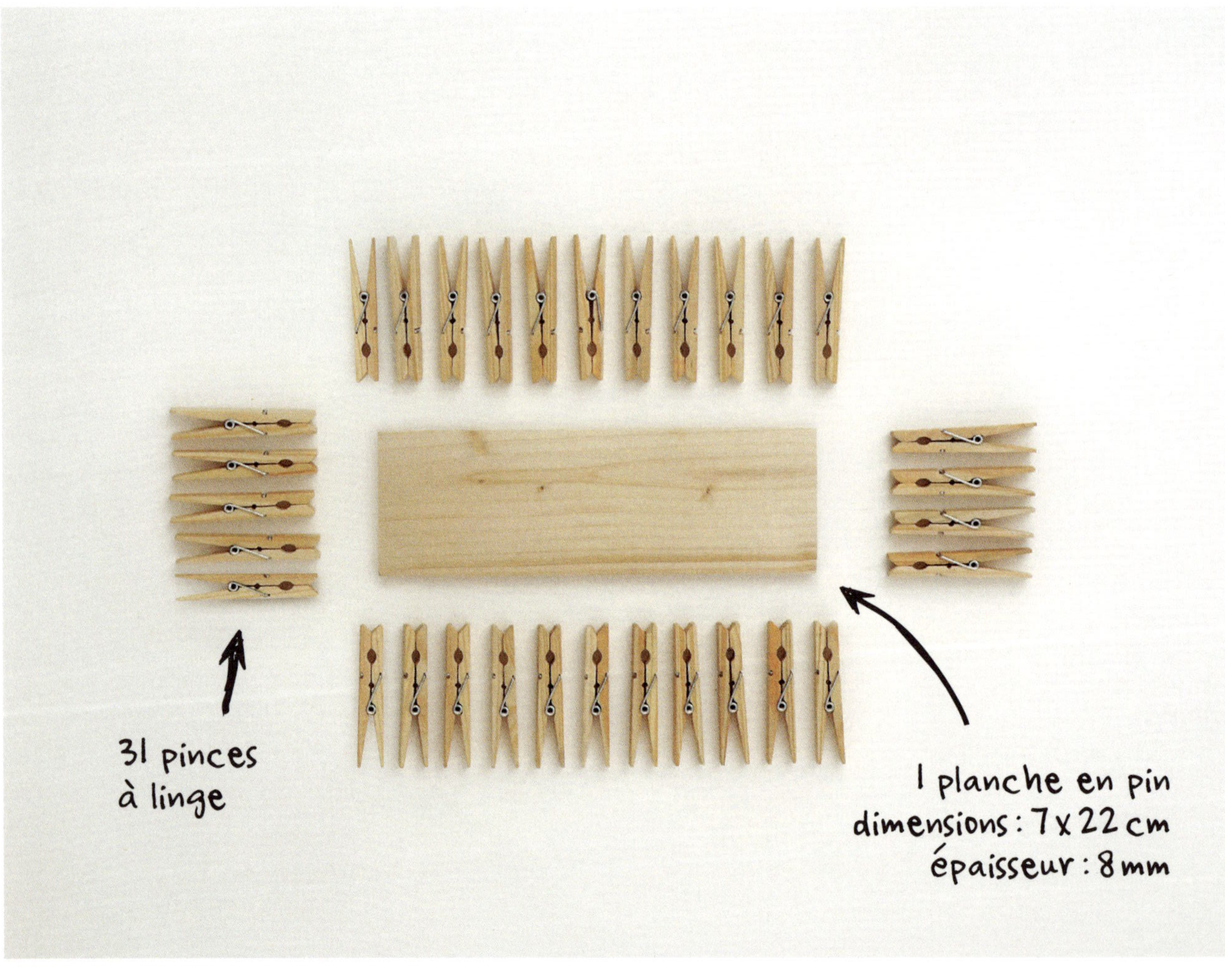

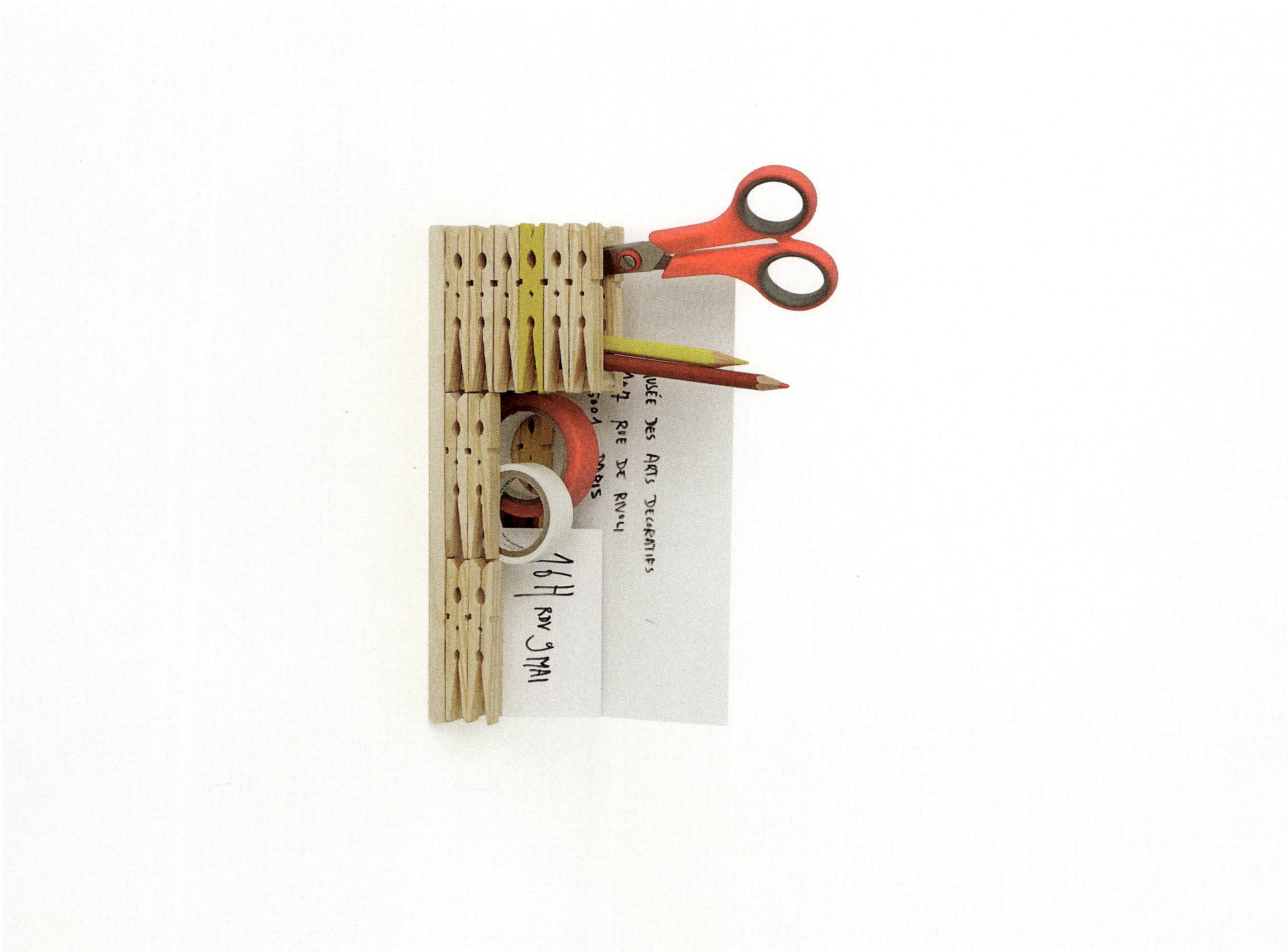
DES ARTS DECORATIFS
RUE DE RIVOLI
16H RDV 9 MAI

Démontez les pinces à linge en retirant la partie en métal.
Collez-les avec un pistolet à colle filaire les unes sur les autres.

Commencez à réaliser le premier module en collant les pinces à linge.

Répétez l'opération pour fermer le module.

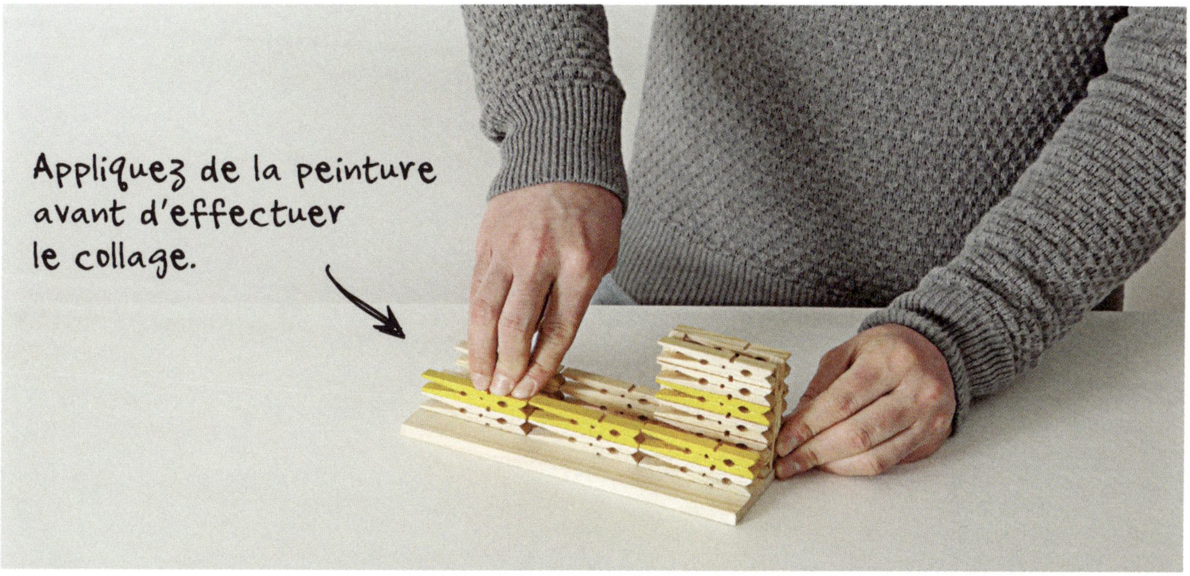

Vous pouvez modifier les dimensions de la structure en fonction des objets à ranger.

Niveau
Facile

Outils
- perceuse-visseuse
- lime
- feuille abrasive
- foret à béton (diamètre 8 mm)
- forets à métal (diamètres 4 et 8 mm)
- ciseaux
- gants et lunettes de protection

HORLOGE

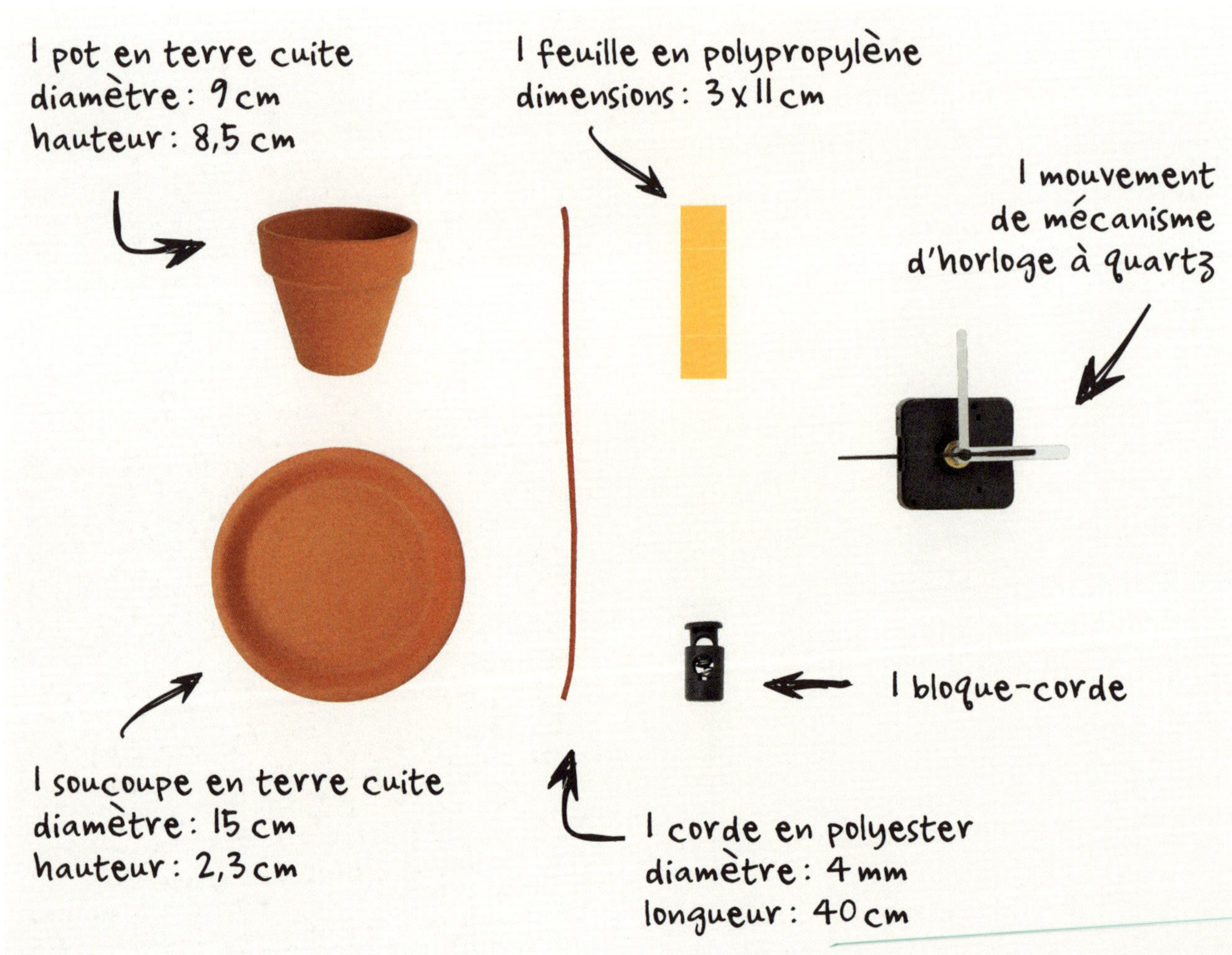

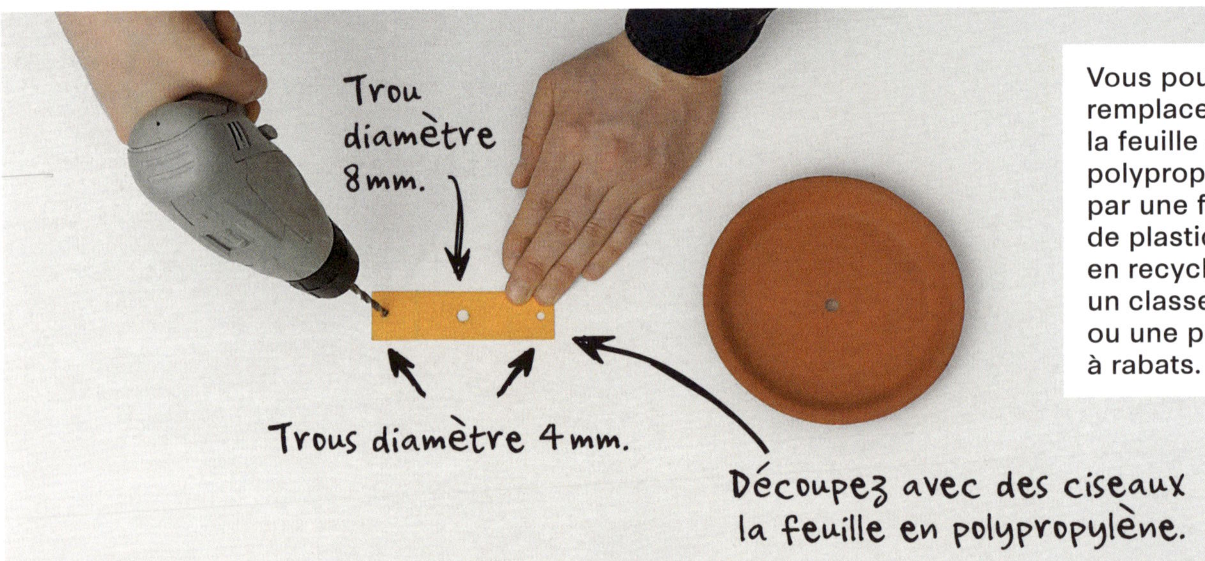

Vous pouvez remplacer la feuille en polypropylène par une feuille de plastique en recyclant un classeur ou une pochette à rabats.

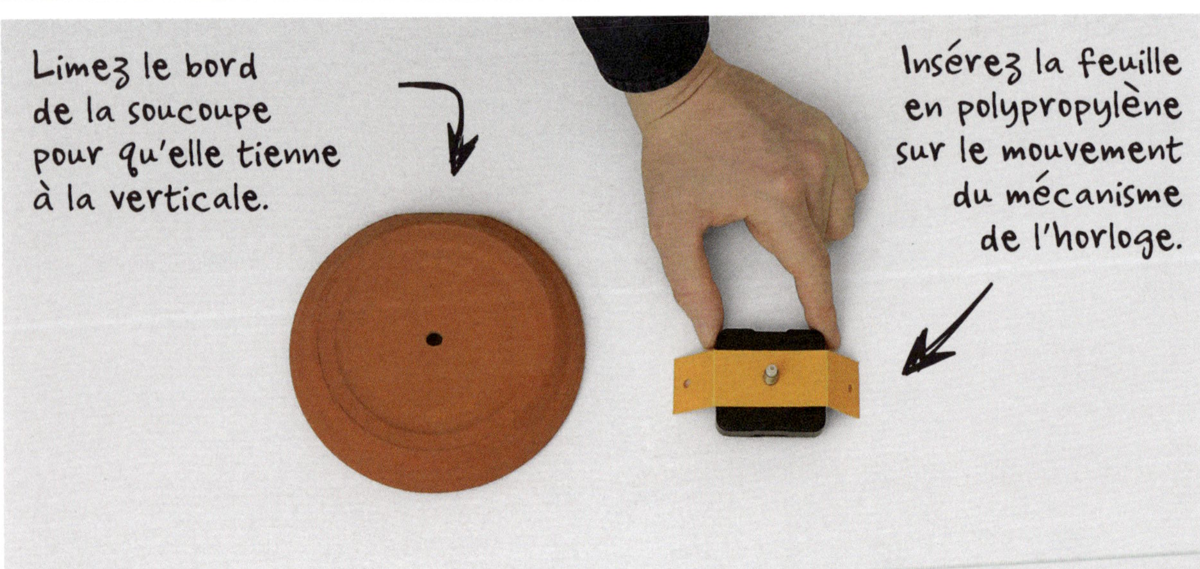

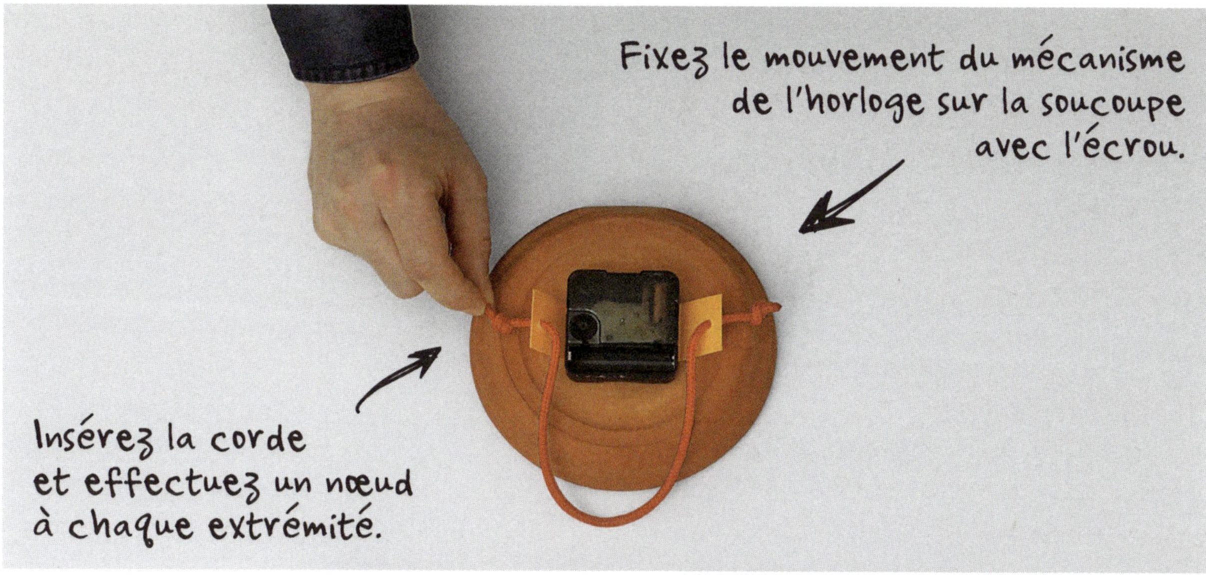

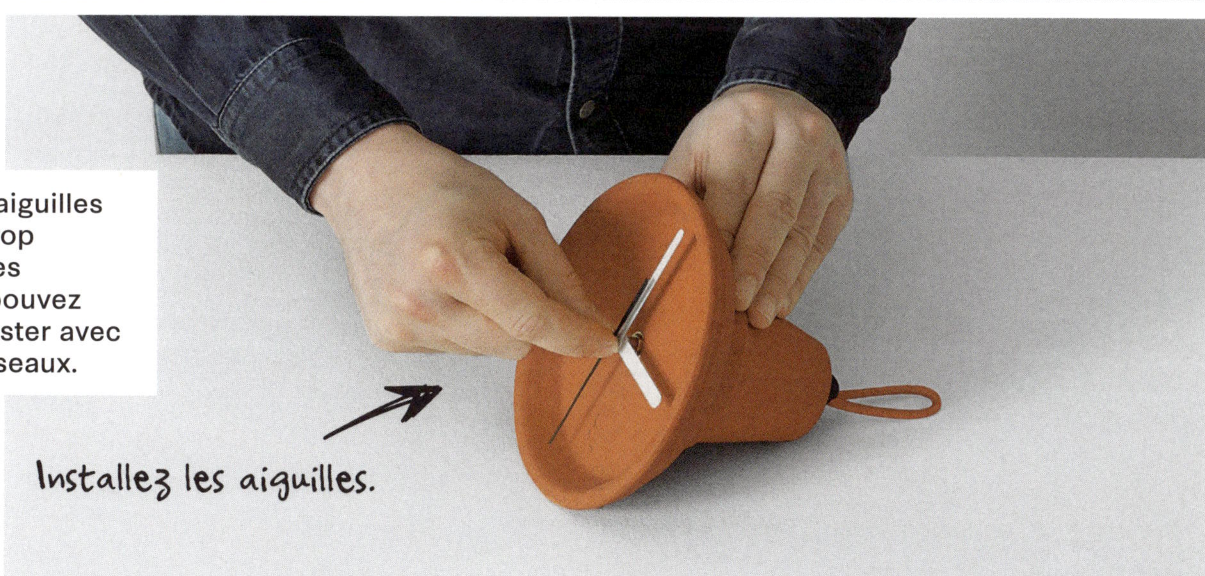

Si les aiguilles sont trop grandes vous pouvez les ajuster avec des ciseaux.

OUTILS
& MATÉ
RIAUX

OUTILS

Vous pouvez utiliser des outils entrée de gamme pour réaliser tous les projets du livre. Il n’est pas nécessaire d’avoir des outils très puissants.

Perceuse-visseuse
Il est préférable de prendre un modèle électroportatif léger et compact.
Prix de vente conseillé : 50 €

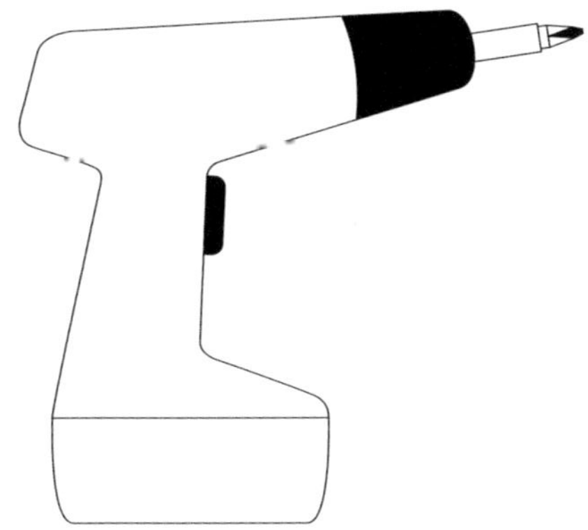

Scie sauteuse filaire
La scie sauteuse filaire permet de réaliser des découpes droites ou courbes dans les planches.
Il est recommandé de choisir les lames en fonction de la matière et de son épaisseur.
Exemple : une lame pour le bois à denture resserrée est utilisée pour découper des planches avec une faible épaisseur.
Prix de vente conseillé : 50 €

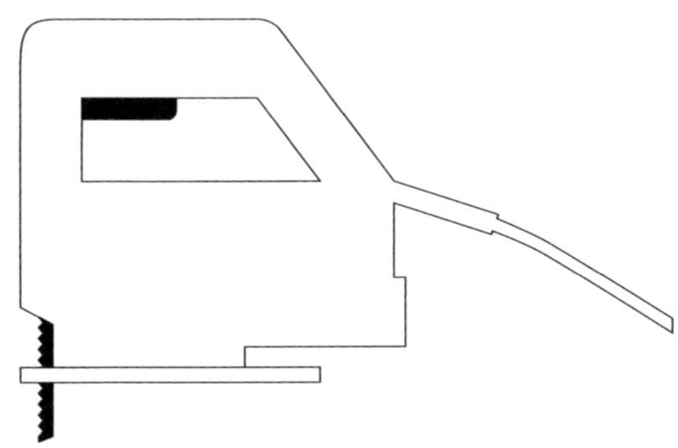

Petite visseuse
Selon les projets, il n’est pas indispensable d’avoir cet outil électroportatif. Elle permet de visser dans des zones qui ne sont pas accessibles avec une perceuse-visseuse.
Prix de vente conseillé : 25 €

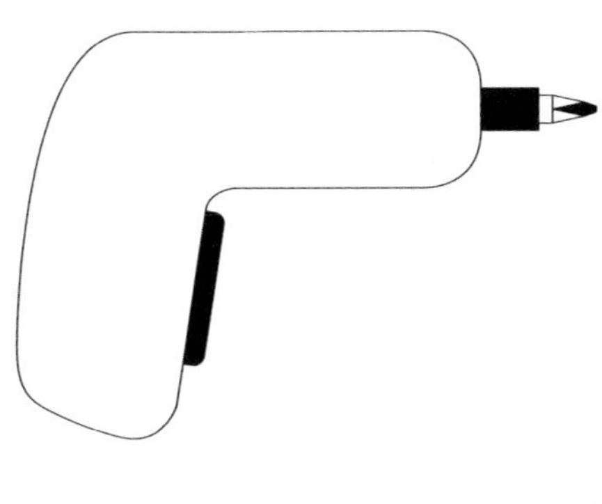

MATÉRIAUX

Pin
Les planches en pin permettent de réaliser une mutltidude d'objets et de meubles.
Caractéristiques :
- Facile à découper et à assembler, car le bois est moins dense que le chêne ou le hêtre.
- Matériau très économique

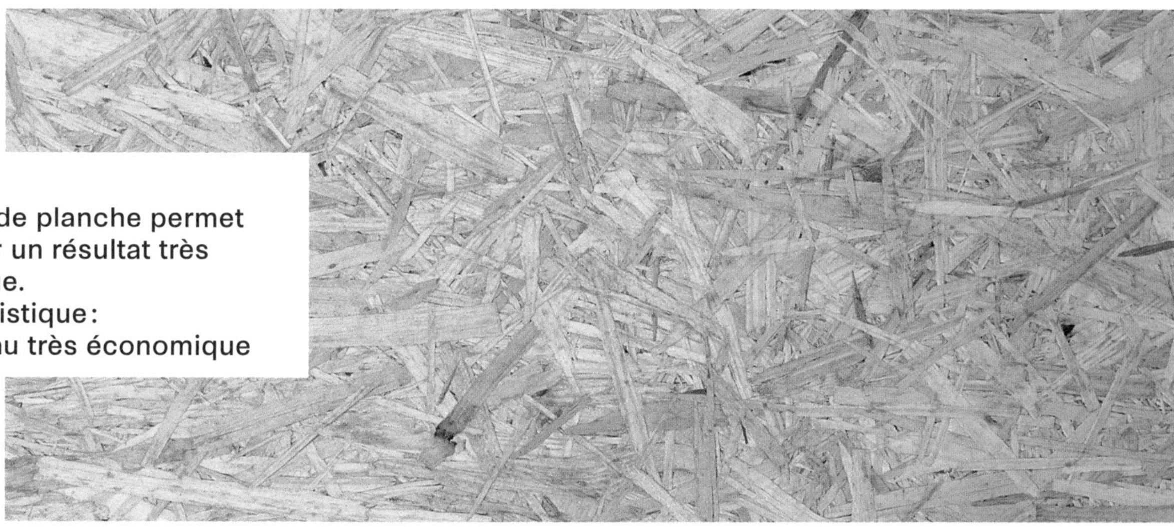

OSB
Ce type de planche permet d'obtenir un résultat très graphique.
Caractéristique :
- Matériau très économique

Béton
Pour réaliser des objets en béton, vous pouvez utiliser un mélange déjà préparé composé de ciment et de sable.

CON
SEILS

PRA
TIQUES

L'ASSEMBLAGE AVEC DES VIS À BOIS

Pour insérer une vis diamètre 4 mm, réalisez un pré-trou avec un foret à bois diamètre 3 mm.

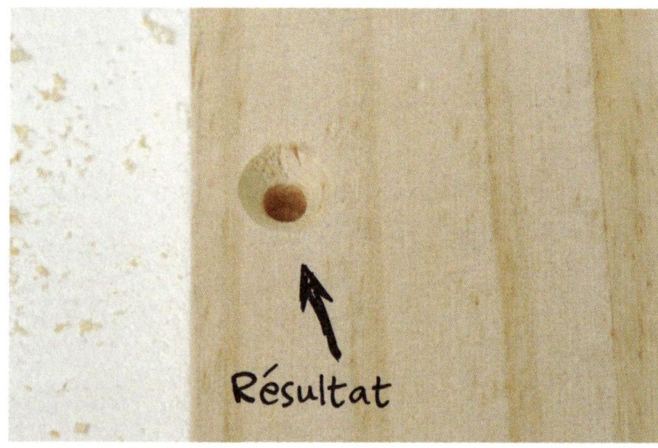

Vous pouvez fabriquer de la pâte à bois en mélangeant de la sciure avec de la colle à bois.

NŒUDS

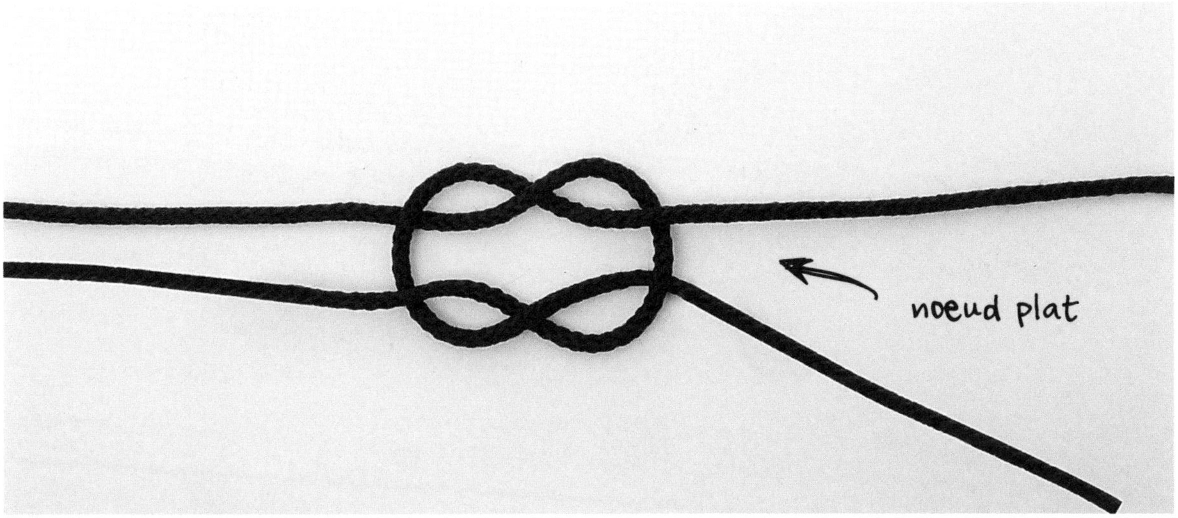

MONTAGE ÉLECTRIQUE/OUTILS

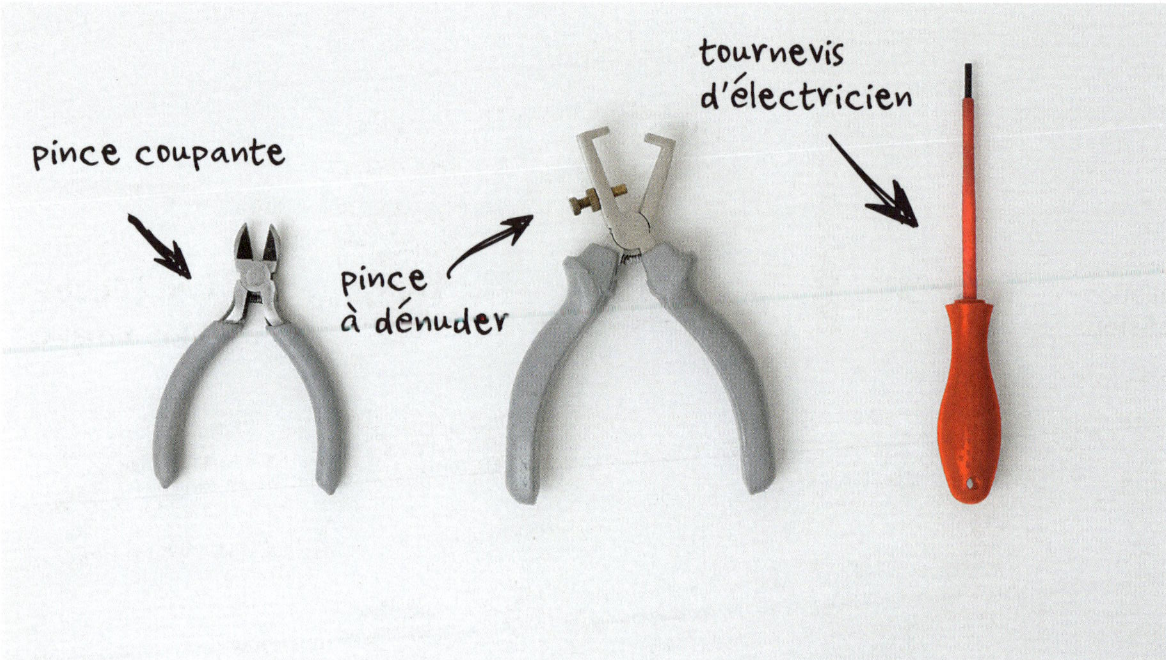

FOURNITURES POUR RÉALISER LE MONTAGE D'UN CÂBLE ÉLECTRIQUE AVEC INTERRUPTEUR ET FICHE ÉLECTRIQUE

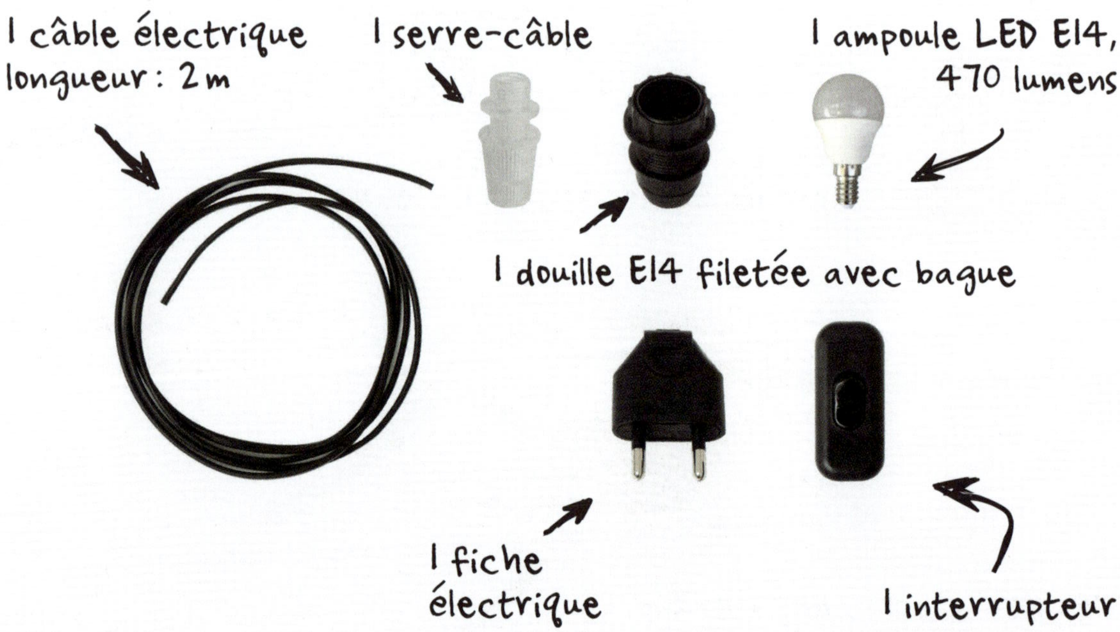

MONTAGE D'UNE DOUILLE E14 FILETÉE AVEC BAGUE

Avant de réaliser un montage électrique (câble, douille, fiche et interrupteur), vérifiez que votre installation est hors tension.

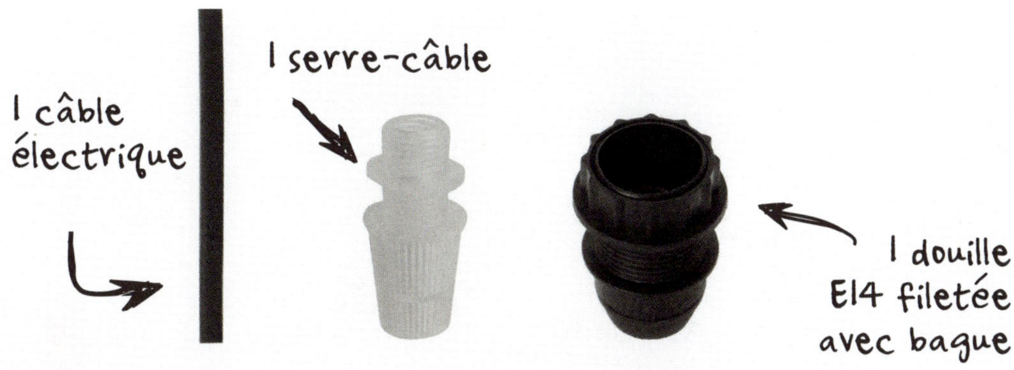

Pour certains projets du livre, vous pouvez utiliser un kit déja assemblé comportant un câble électrique avec interrupteur et fiche électrique. Dans ce cas, la gaine des fils sera déjà dénudée.

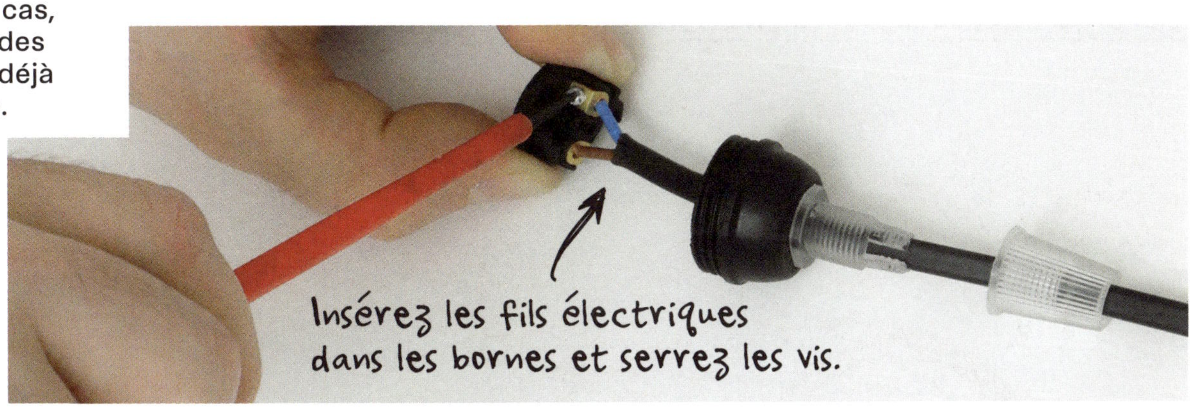

MONTAGE D'UN INTERRUPTEUR

Avant de réaliser un montage électrique (câble, douille, fiche et interrupteur), vérifiez que votre installation est hors tension.

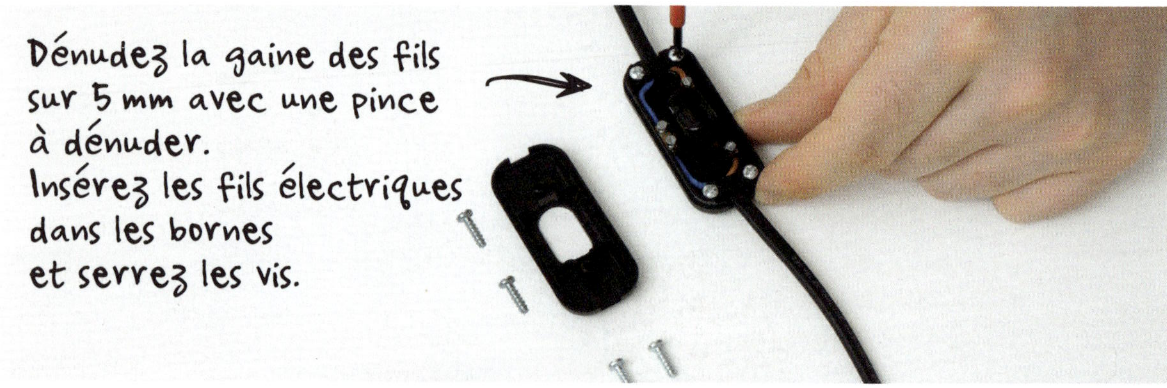

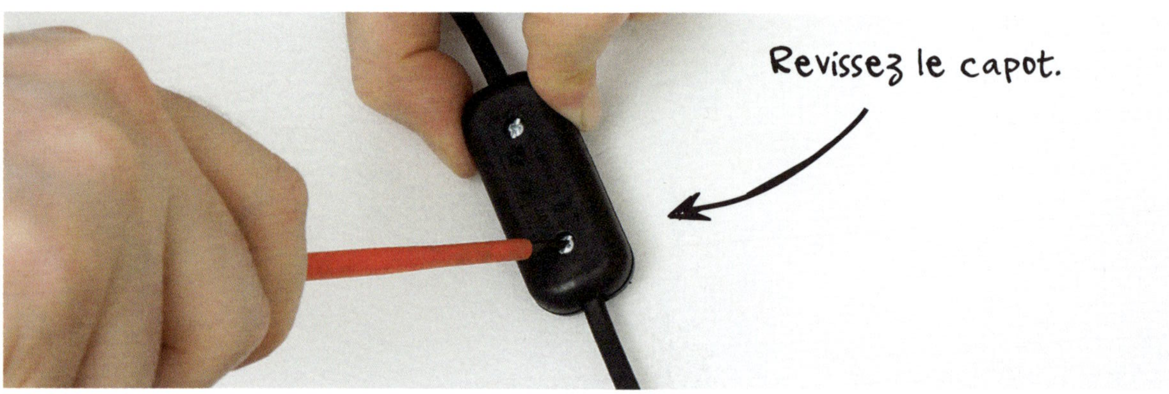

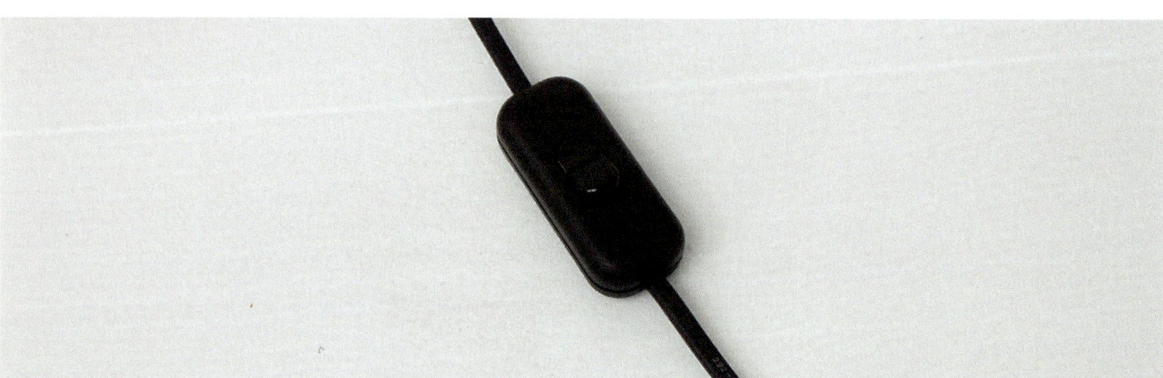

MONTAGE D'UNE FICHE ÉLECTRIQUE

1 câble électrique

1 fiche électrique

Dénudez la gaine des fils sur 5 mm avec une pince à dénuder.

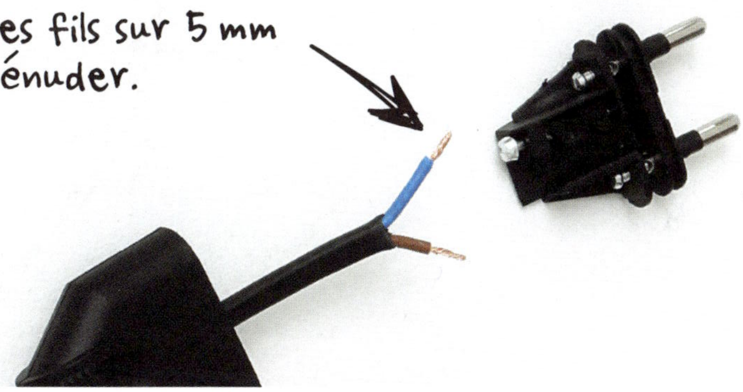

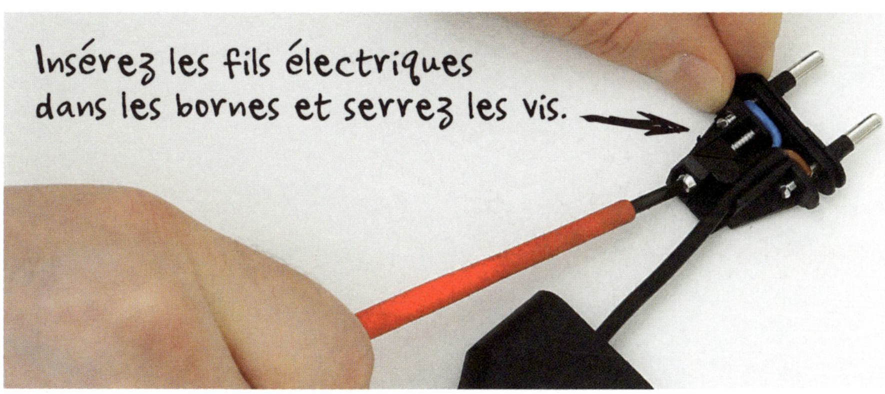

Achevé d'imprimé en septembre 2017
sur les presses de Leporello
Imprimé en Union européenne